www.tredition.de

AF202927

www.tredition.de

© 2018 Holger Schulz

Verlag: tredition GmbH, Hamburg

ISBN
Paperback: 978-3-7469-1192-2
Hardcover: 978-3-7469-1193-9
e-Book: 978-3-7469-1194-6

Printed in Germany

Holger Schulz

Rechtsbrüche und Manipulationen

Wie Regierende und Medien den Zerfall der Bundesrepublik Deutschland fördern

„Ein besonderer psychologischer Essay wird eines Tages über die fatalistische herdenmäßige Dulderfähigkeit und Geduldausdehnbarkeit im deutschen Volk zu schreiben sein."

Erich Kästner, Tagebuch, 6. Juni 1945

Über dieses Buch

„Die gesamte Geschichte, unabhängig von Zeit und Ort, durchzieht das Phänomen, dass Regierungen und Regierende eine Politik betreiben, die den eigenen Interessen zuwiderläuft."[1]

Mit diesem Satz beginnt die amerikanische Historikerin Barbara Tuchman in ihrem Buch „Die Torheit der Regierenden" die umfangreiche Darstellung eines Panoramas von Selbsthypnose, Zynismus und Blindheit der Regierenden, die „Von Troja bis Vietnam", so der Untertitel ihres Buches, versagen. Anhand zahlreicher Beispiele aus der Geschichte erläutert Barbara Tuchman die Torheiten und den Starrsinn der Regierenden, nahezu fassungslos, wie es selbst aus dem Wissen zum jeweiligen Zeitpunkt der Entscheidungen trotz erkennbar kontraproduktiver Maßnahmen und trotz praktikabler Handlungsalternativen zu fundamentalen Fehlentwicklungen gekommen ist. Nach Barbara Tuchmans Eingangssatz fehlt allerdings der Hinweis, dass es nicht nur um die Interessen der Regierenden geht, sondern vor allem um die Bevölkerungen, die unter den Torheiten der Regierenden leiden.

Zu den Torheiten, die Barbara Tuchman beschreibt, gehört die Friedenskonferenz in Paris im Jahr 1919. Die kanadische Historikerin Margaret MacMillan schildert ausführlich in ihrem Buch „Die Friedensmacher" das dramatische Geschehen der Pariser Friedenskonferenz, in deren Mittelpunkt die Führer der drei großen Siegermächte des ersten Weltkrieges stehen, Woodrow Wilson, Lloyd George und Georges Clemenceau.[2] Im Vorwort zur deutschen Ausgabe des Buches zitiert die Historikerin den britischen Ökonomen John Maynard Keynes, der die führenden Staatsmänner, die in Paris verhandeln, als von blinder Rachsucht Getriebene porträtiert. Der französische Ministerpräsident Georges Clemenceau habe wie ein bösartiger Affe nur daran gedacht, Deutschland zu zerstören, sein britisches Pendant David Lloyd George sei ein hinterhältiger Halbmensch ohne moralischen Kompass und der amerikanische Präsident Woodrow Wilson ein moralisierender Einfaltspinsel. Anstatt den Mut und die Weitsicht aufzubringen, Deutschland in die Völkergemeinschaft aufzunehmen, hätten sie sich dafür entschieden, es durch einen harten Strafvertrag zu knebeln. Als Alleinschuldiger am Ausbruch des Krieges wird vor allem Deutschland ausgemacht, das an den Friedensverhandlungen nicht teilnehmen darf. Die Nationalsozialisten schmähen den Versailler Vertrag bald als „Schanddiktat" und können zwanzig Jahre später nach ihrer Machtübernahme im Deutschen Reich die Forderungen nach einer Revanche in konkrete Handlungen umsetzen. Deutschland beginnt den Zweiten Weltkrieg.

Schwache und unfähige Staatsführer prägen die Pariser Verträge. Diese Männer legen, geleitet von Revanchegedanken, die Grundlagen für eine künftige Katastrophe mit bis zu geschätzten 80 Millionen Toten im Zweiten Weltkrieg.[3] Außerdem stecken sie fast beiläufig den Nahen Osten dauerhaft in Brand, indem Großbritannien und Frankreich nach Belieben große Teile des Territoriums des früheren Osmanischen Reiches mit willkürlich gezogenen Grenzen unter sich aufteilen. Bis heute ist der Nahe Osten nicht zur Ruhe gekommen, und wir erleben die Folgen.

Barbara Tuchman ordnet auch die Vietnamkriege in die Kategorie Torheiten der Regierenden ein. Franzosen tragen in Vietnam mit ihrem Kolonialsystem, das sie, den wahren Kern einer Ausbeutung der Kolonien verdeckend, als „mission civilisatrice" zum Wohl der Menschheit bezeichnen, zu einem weiteren Desaster in der Nachkriegsgeschichte bei. Die kommunistisch geprägte Liga für die Unabhängigkeit Vietnams kämpft nach dem Ende des Zweiten Weltkriegs anfangs in einem Guerillakrieg, später in einem konventionellen Krieg für die Befreiung Vietnams von der Kolonialherrschaft der Franzosen mit dem Ergebnis, dass das Land nach der Niederlage Frankreichs in einen kommunistischen Norden und einen durch die USA gestützten antikommunistischen Süden geteilt wird.

Aus der Niederlage Frankreichs lernen die USA nicht, denn sie greifen militärisch ein, als die Kommunisten das Land unter ihrer Herrschaft wieder vereinigen wollen. Auf die französische Niederlage von dem CBS-Korrespondenten David Schoenbrun hingewiesen, antwortet US-Präsident John F. Kennedy: „Nun ja, Mr. Schoenbrun, das waren die Franzosen. Die kämpften für eine Kolonie, für eine schlechte Sache. Wir kämpfen für die Freiheit, um sie von den Kommunisten, von China zu befreien, für ihre Unabhängigkeit."4 US-Vizepräsident Lyndon B. Johnson , der sich weniger um Außenpolitik als „vielmehr vor allem für seine Karriere interessiert" (Tuchman), stellt nach einem Besuch in Südostasien fest: „Es gibt keine Alternative zum Führungsanspruch der Vereinigten Staaten in Südostasien" und ergänzt: „Die Schlacht gegen den Kommunismus muss in Südostasien mit Kraft und Entschlossenheit aufgenommen werden, um erfolgreich zu sein - anderenfalls müssten die Vereinigten Staaten unausweichlich den pazifischen Raum aufgeben und die Verteidigungslinien nach San Francisco zurückverlegen."[5] Alternativen gibt es nach Sicht der Regierenden offenbar nicht. 1975 endet der Vietnamkrieg mit einer verheerenden Niederlage der USA.

Die beiden aufgezeigten Beispiele aus unterschiedlichen Epochen zeigen, dass es den Regierenden in diesen Fällen an der Erkenntnis gemangelt hat oder die Erkenntnis bewusst unbeachtet geblieben ist, dass es praktikable Handlungsalternativen gegeben hat. Nun lässt sich einwenden, dass es im Nachhinein unter der Kenntnis der Folgen einer Entscheidung und mit den heutigen Maßstäben ein Leichtes ist, die getroffene Entscheidung zu kritisieren. Jedoch sind in den beiden Fällen durchaus die Folgen der kontraproduktiven Maßnahmen bekannt gewesen, und dennoch haben die Regierenden fatale Wege beschritten.

Wenn Barbara Tuchman einen aktuellen Fall des Versagens der Regierenden untersuchen könnte (die Historikerin stirbt 1989), wäre es naheliegend, die Torheiten der deutschen Bundeskanzlerin Angela Merkel und ihrer Regierung in den Jahren 2015 ff. als

Sujet zu wählen. In der Bundesrepublik Deutschland haben die Regierenden mit der Politik offener Grenzen für einen ungehinderten Migrantenzustrom einen verderblichen Weg beschritten, der dahin führen dürfte, dass eine freie, demokratische Gesellschaft ihrer Grundlagen beraubt werden wird.

Ich versuche, die in diesem Buch dargestellten Entscheidungen der heute in Deutschland Regierenden unter dem Gesichtspunkt möglicher praktikabler Handlungsalternativen unter aktuellem Wissensstand zu beleuchten. Ein besonderer Schwerpunkt des Buches soll dabei auf die Rolle der Medien gelegt werden, zu deren Aufgabe es aus meiner Sicht gehören sollte, die Arbeit der Regierenden kritisch zu begleiten und dann auf Handlungsalternativen aufmerksam zu machen, wenn die Regierenden diese nicht ausreichend in ihre Entscheidungsfindung einbeziehen. Die großen meinungsbildenden Medien kommen dieser Aufgabe nicht nach, sondern machen sich mit den Regierenden gemein.

Alternativlos, wie es die Bundeskanzlerin Angela Merkel immer wieder gerne darstellt, dürften politische Entscheidungen nur in äußerst seltenen Fällen sein, nämlich dann, wenn höhere Schicksalsmächte nur ohnmächtiges Zusehen erlauben. Mir ist in der Bundesrepublik Deutschland kein solcher Fall bekannt. Dennoch wird die Regierungsarbeit, wie im Folgenden zu zeigen sein wird, immer wieder mit diesem Totschlag-Argument der Alternativlosigkeit durchgesetzt und eine Diskussion abgewürgt. Der Widerstand in der Medienwelt gegen diese Entmündigung ist gering, ja, viele Medien arbeiten selbst mit Verve daran, politischen Widerstand auszuschalten.

Einen weiteren Aspekt möchte ich bei der kritischen Betrachtung der Entscheidungen der Regierenden ebenfalls in den Blickpunkt stellen: Das Versagen von Kontrolleinrichtungen, die die Funktionsfähigkeit des demokratischen Rechtsstaats gewährleisten sollten. Für die Fragilität eines demokratischen Staates haben wir in der jüngeren deutschen Geschichte ein manifestes Beispiel, das zu Beginn des Jahres 1933 beginnt.

Am 30. Januar 1933 beruft der Reichspräsident Paul von Hindenburg einen neuen Reichskanzler. Das passiert in der Weimarer Republik häufiger. Diesmal heißt der neue Reichskanzler Adolf Hitler. Schon am 1. Februar 1933 löst der Reichspräsident den Reichstag auf. In schneller Folge werden in den folgenden Tagen neue Verordnungen erlassen und Gesetze beschlossen. Zuerst wird die „Verordnung des Reichspräsidenten zum Schutze des deutschen Volkes" (4. Februar 1933) mit der Einschränkung der Versammlungs- und Pressefreiheit erlassen, dann die „Verordnung des Reichspräsidenten zum Schutz von Volk und Staat" (28. Februar 1933) mit der Aufhebung der Bürgerrechte der Weimarer Verfassung und schließlich das „Gesetz zur Behebung der Not von Volk und Reich" (24. März 1933), mit dem die Gesetzgebungskompetenz auf den Reichskanzler übergeht. In nicht einmal zwei Monaten des frühen Jahres 1933 ist die Demokratie am

Ende, der totalitäre Staat ist etabliert. Am 1. April 1933 werden jüdische Geschäfte blockiert („Deutsche - kauft nicht bei Juden").

Der 1. August 1914 ist ebenfalls ein einschneidendes Datum für die deutsche Geschichte, der Tag, als ein begeistertes Publikum, beseelt von patriotischen Empfindungen und nationalistischen Imaginationen, den Beginn des Krieges feiert, der zum Weltkrieg wird. Die Ernüchterung kommt bei großen Teilen der Deutschen schnell, als die Realität auf den Schlachtfeldern Verduns mit hunderttausenden Toten und Verwundeten die Euphorie beendet. Selbst eine massive, permanente Propaganda, die den baldigen Sieg in Aussicht stellt, kann die von vielen Menschen erlebte Realität nicht überdecken. Während des Krieges spaltet sich die Gesellschaft in diejenigen, die für eine schnelle Beendigung des Krieges eintreten und diejenigen, die den Krieg fortsetzen wollen. Die Friedenswilligen werden nach dem Ende des Krieges als „Novemberverbrecher" diffamiert.

***

Die Assoziation, nicht der Vergleich, beim Anblick der Bilder begeisterter Menschen beim Kriegsausbruch 1914 mit der Willkommens-Euphorie enthusiasmierter Menschen beim Eintreffen tausender Migranten auf deutschen Bahnhöfen im Jahr 2015, ist naheliegend. In beiden Fällen tritt analytisches Denken hinter diffuse Emotionen zurück. Befremdlich wirkt die Begeisterung über die Masseneinwanderung hunderttausender Migranten mit kulturellen Prägungen, die der aufgeklärten westlichen Gesellschaft in der Bundesrepublik Deutschland fremd sind und fremd bleiben werden, weil die Integrationsbereitschaft vor allem der Migranten aus muslimischen Ländern gegen Null geht. Die Gesellschaft spaltet sich heute in diejenigen, die eine unbedingte Willkommenskultur für richtig halten und diejenigen, die die Masseneinwanderung kritisch sehen. Letztere bezeichnet der Vizekanzler der Bundesrepublik Deutschland und SPD-Vorsitzende Sigmar Gabriel schnell als „Pack" (Heidenau, 24. August 2015). Kritiker sieht der Vizekanzler der Bundesrepublik Deutschland damit als nicht diskursfähig an.

Die Entscheidung der Bundeskanzlerin Angela Merkel am 5. September 2015, die Grenzen der Bundesrepublik Deutschland für Migranten uneingeschränkt zu öffnen, bringt einen tiefen Einschnitt für die deutsche Gesellschaft, der die Entwicklung für viele Jahrzehnte bestimmen wird.

Wie das Parlament der Bundesrepublik sich selbst entmachtet, wie der Bundespräsident, die Bundeskanzlerin und die Minister ihren Eid, zum Wohle des deutschen Volkes zu handeln und Schaden von ihm zu wenden, beiseite schieben und Gesetze als obsolet ansehen, wie Medien, vor allem die öffentlich finanzierten und andere Leitmedien, im Regelfall großzügig über die Probleme der Immigration hinwegsehen und das Publikum belügen, möchte ich in diesem Buch herausstellen. Parallelen zum Jahr 1933, als ein demokratischer Staat erst ausgehöhlt und dann beseitigt wird, sind, zumindest die Anfänge der Entwicklung betreffend, durchaus vorhanden. Fraglich ist, ob die heutigen demokratischen Institutionen, vor allem ihre gegenwärtigen Repräsentanten, in der Lage sind, Fehlentwicklungen entgegenzusteuern. Ich habe große Zweifel an der Funktionsfähigkeit der Institutionen und an dem Willen ihrer Repräsentanten, zum Wohle des deutschen Volkes zu handeln.

Für die Zeit des Jahres 1933 kommt der Hitler-Biograf Joachim Fest zu dem Ergebnis: „Selten in der modernen Staatengeschichte ist eine Wendung von so unabsehbarem Gewicht stärker von persönlichen Faktoren, von den Launen, Vorurteilen und Affekten einer winzigen Minderheit bestimmt worden, selten nur waren die Institutionen im Augenblick der Entscheidung unsichtbarer."[6]

Joachim Fest stirbt im September 2006. Dass sich Wendungen von „unabsehbarem Gewicht", bestimmt von „Launen, Vorurteilen und Affekten einer winzigen Minderheit", bald auch in der Bundesrepublik Deutschland die Entwicklung beeinflussen werden, hat der Historiker nicht voraussehen können.

Im Februar 2018

Holger Schulz

1. Migranten

1.1 Flüchtlinge und Schutzsuchende

„Ist mir egal, ob ich schuld bin am Zustrom der Flüchtlinge. Nun sind sie halt da", wird die Bundeskanzlerin Angela Merkel zitiert. Der Journalist Hugo Müller-Vogg twittert dieses Zitat am 22. September 2015, eine Bemerkung der Bundeskanzlerin weitergebend. Die Bundeskanzlerin soll diese Äußerung genervt auf einer CDU/CSU-Fraktionssitzung gemacht haben, nachdem diverse Abgeordnete es gewagt hätten, an Angela Merkels Politik der offenen Grenzen für nach Deutschland strömende Migranten Kritik zu äußern. Gelegentliche halbherzige Dementis aus der CDU gibt es zu Müller-Voggs Hinweis auf die beiläufige Nonchalance der Bundeskanzlerin, mit der sie Verantwortung beiseite schiebt, aber niemand macht geltend, dass der Satz so nicht gefallen sei und Müller-Vogg etwas Falsches getwittert habe. Der Vorsitzende der CDU/CSU-Bundestagsfraktion, Volker Kauder, berichtet über diese Sitzung in seinem Protokoll, dass die hohe Zahl der Flüchtlinge eine große Herausforderung sei und denjenigen geholfen werden solle, die ein Bleiberecht haben, diejenigen aber, die nicht im Land bleiben können, schnellstmöglich zurück geschickt werden sollen.[7] Das Protokoll ist eine Farce, das weiß sicherlich auch der Protokollant und er weiß, dass die Leser es wissen. Es bleiben fast alle Migranten im Land, egal, ob ihnen ein Schutz nach rechtlichen Bestimmungen zu gewähren ist oder nicht.

Die Wortwahl „Flüchtling"entlarvt den Versuch der Vernebelung.

Die Bezeichnung „Flüchtlinge" wird von Politikern und Medien absichtlich vernebelnd in die Debatte eingebracht. Dies ist eine Wortwahl, die sowohl Migranten, die nach Recht und Gesetz nach Deutschland kommen, als auch solche, die unter Bruch rechtlicher Bestimmungen illegal ins Land eindringen, mit einer gemeinsamen Bezeichnung bedenkt. Unterschiedslos werden Glücksritter, Einwanderungswillige, Gewalttäter, politisch Verfolgte oder solche Menschen, die den wirtschaftlichen Schwierigkeiten ihres Landes und den damit verbundenen Unannehmlichkeiten entkommen wollen, als Flüchtlinge bezeichnet.

Zahlreiche Medien sind an vorderer Stelle zu finden, wenn es gilt, Sachverhalte zu verwischen. So berichtet der ARD-Radiosender „NDR-Info" darüber, dass gegenwärtig „keine Flüchtlinge nach Afghanistan abgeschoben werden" (9. August 2017) oder informiert über „geduldete Flüchtlinge" (10. August 2017). Dabei wird außer acht gelassen, dass Flüchtlinge mit subsidiärem

Schutzstatus nicht abgeschoben werden können und dass der Begriff „geduldete Flüchtlinge" absurd ist, denn es handelt sich in diesem Fall um abgelehnte Asylbewerber. In den Zeitungen, wie zum Beispiel in der „Süddeutschen Zeitung", der „Frankfurter Rundschau" oder der „Frankfurter Allgemeinen" ist fast ausschließlich von Flüchtlingen die Rede, kaum jemand differenziert. Um positive Konnotationen bei Lesern, Hörern oder Zuschauern zu erzielen, werden auch gerne die Bezeichnungen „Schutzsuchende" oder „Geflüchtete" als Euphemismen verwendet, wobei offen ist, wovor die Migranten Schutz suchen oder geflüchtet sind. Manche suchen auch nur Schutz vor strafrechtlicher Verfolgung in ihrem Herkunftsland.

Selbst der Bundesinnenminister de Maizière verwendet die Bezeichnung „Schutzsuchende", bewußt die Unwahrheit in Übereinstimmung mit vielen Medien verbreitend. Die weit überwiegende Mehrheit der Migranten ist ausschließlich aus sicheren Drittländern ins Land gekommen, braucht also keinen Schutz. Dennoch werden alle Migranten als schutzbedürftig angesehen und erhalten eine staatliche Rundumversorgung. Die Begriffe „Schutzsuchende" oder „Flüchtlinge" werden kritiklos für alle Eingereisten benutzt, selbst, wenn sie nie vor Verfolgung und Krieg geflohen sind, sondern die Wohltaten des Sozialstaats in Anspruch nehmen wollen. Sie suchen den wirtschaftlichen Schutz des Sozialstaats.

Die sehr spezielle Begriffswahl ist zielgerichtet.

„LTI" - Lingua Tertii Imperii - hat Victor Klemperer sein Buch über die „Sprache des Dritten Reiches" genannt, das Buch, in dem er darlegt, wie die Sprache es an den Tag bringt, was eigentlich verborgen werden soll. „Worte können sein wie winzige Arsendosen: sie werden unbemerkt verschluckt, sie scheinen keine Wirkung zu tun, und nach einiger Zeit ist die Giftwirkung doch da", schreibt Klemperer.[8] Victor Klemperer analysiert, wie während des Nationalsozialismus eine genormte Sprache in Reden, Zeitungen oder Rundfunk zu einer Einheitlichkeit der Schriftsprache und einer Gleichheit der Redeform führt, mit der Folge, dass auch das Denken einheitlich wird. Die Verwendung der Begriffe „Schutzsuchende" oder „Flüchtlinge" führt heute dazu, dass notwendige Unterscheidungen der ins Land strömenden Menschen nach ihren Motiven, nach ihrer Hilfsbedürftigkeit oder nach ihrer Integrationsfähigkeit unterbleibt.

Um semantische Exkurse (und damit manche Umwege) zu vermeiden, verwende ich im Folgenden auch gelegentlich den Begriff „Flüchtling", selbst wenn diese Bezeichnung im jeweils beschriebenen Zusammenhang unpräzise ist. Dies halte ich dann für angebracht, wenn der häufig notwendige Bezug auf veröffentlichte Quellen in den Medien oder der Literatur dann zu Unübersichtlichkeit führen würde, wenn in diesen Quellen andere Begriffe benutzt werden, als ich sie verwende. Damit möchte ich verhindern, dass für denselben Sachverhalt unterschiedliche Bezeichnungen gewählt werden. Die genannten Euphemismen werde ich aber nicht benutzen, wenn sie Realitäten verdecken.

Die rechtlichen Bestimmungen sind im Gegensatz zum Sprachgebrauch der Regierenden in eindeutiger Sprache abgefasst.

1.2 Die Rechtslage

Mehrere Jahre lang, vor allem ab dem Jahr 2015, strömen unreguliert und zu großem Teil unregistriert hunderttausende Menschen in die Bundesrepublik Deutschland, die einen Anspruch auf Asyl geltend machen. Die Rechtslage ist klar und einfach: Fast alle Migranten haben kein Recht, ins Land zu kommen oder sogar hier zu bleiben.

Im Grundgesetz für die Bundesrepublik Deutschland heißt es im Artikel 16a im ersten Absatz: „Politisch Verfolgte genießen Asylrecht". Im zweiten Absatz wird die generelle Klausel des ersten Absatzes eingeschränkt: „Auf Absatz 1 kann sich nicht berufen, wer aus einem Mitgliedstaat der Europäischen Gemeinschaften oder aus einem anderen Drittstaat einreist, in dem die Anwendung des Abkommens über die Rechtsstellung der Flüchtlinge und der Konvention zum Schutze der Menschenrechte und Grundfreiheiten sichergestellt ist." Wenn dieser einfachen Rechtsnorm von den Verfassungsorganen, den Polizeien und den Bundes- und Landesbehörden entsprochen würde, dürften wir keine Probleme mit Asylbegehrenden haben, denn Deutschland ist, wie ein Blick auf die Landkarte verrät, von sicheren Drittstaaten umgeben. Jedoch wird das Grundgesetz hinsichtlich der Asylregelungen von den Regierenden ganz einfach ignoriert.

Nicht anders gehen die Regierenden mit dem „Abkommen über die Rechtsstellung der Flüchtlinge" vom 28. Juli 1951 um, das als sogenannte Genfer Flüchtlingskonvention in der Bundesrepublik seit dem 22. April 1954 gilt. Auch dieses Abkommen ist für die politische Führung offensichtlich nicht bindend.

Im Genfer Flüchtlingsabkommen ist der Rechtsbegriff „Flüchtling" eindeutig definiert. Flüchtling ist nach der Genfer Konvention eine Person, die „aus der begründeten Furcht vor Verfolgung wegen ihrer Rasse, Religion, Nationalität, Zugehörigkeit zu einer bestimmten sozialen Gruppe oder wegen ihrer politischen Überzeugung sich außerhalb des Landes befindet, dessen Staatsangehörigkeit sie besitzt, und den Schutz dieses Landes nicht in Anspruch nehmen kann oder wegen dieser Befürchtungen nicht in Anspruch nehmen will." Krieg, Bürgerkrieg oder wirtschaftliches Ungemach gehören nicht zu den Gründen, die eine Anerkennung als Flüchtling erlauben. Diese Einschränkung übersehen die politisch Verantwortlichen großzügig.

Ein subsidiärer Schutz ist allerdings nach der EU-Richtlinie 2004/83 des Rates vom 29.April 2004 über Mindestnormen für die Anerkennung als Flüchtling (Statusrichtlinie) möglich, wenn ein Schutz Verlangender „die Anerkennung als Flüchtling nicht erfüllt, der aber stichhaltige Gründe für die Annahme vorgebracht hat, dass er bei einer Rückkehr in sein Herkunftsland oder, bei einem Staatenlosen, in das Land seines vorherigen gewöhnlichen Aufenthalts tatsächlich Gefahr liefe, einen ernsthaften Schaden (…) zu erleiden (…)." Als ernsthafte Schäden gelten zum Beispiel Folter oder eine individuelle Bedrohung des Lebens im Rahmen bewaffneter Konflikte, also auch Bedrohungen durch Bürgerkriege.

Nach der seit dem 1. Januar 2014 geltenden Dublin III-Verordnung jedoch, der Verordnung (EU) Nr. 604/2013 des Europäischen Parlaments und des Rates vom 26. Juni 2013 zur Festlegung der Kriterien und Verfahren zur Bestimmung des Mitgliedstaats, der für die Prüfung eines von einem Drittstaatsangehörigen oder Staatenlosen in einem Mitgliedstaat gestellten Antrags auf internationalen Schutz zuständig ist, muss derjenige EU-Staat die Bearbeitung des Schutz-Antrages leisten, in dem der Antrag zuerst gestellt wird. Das sind vor allem die Länder Griechenland, Spanien, Italien, nicht aber Deutschland.

Die Dublin III-Verordnung ermöglicht in Artikel 17 aus humanitären Gründen oder in Härtefällen eine Abweichung von den Zuständigkeiten, um „Familienangehörige, Verwandte oder Personen jeder anderen verwandtschaftlichen Beziehung zusammenzuführen." Das reicht für die Bundeskanzlerin Angela Merkel, um den ungebremsten Zustrom von Asylbegehrenden zuzulassen.

Ihre Begründung ist allerdings nicht auf Rechtsnormen, sondern auf Emotionen gestützt.

Die Kanzlerin macht lieber ein freundliches Gesicht als sich an Recht und Gesetz zu halten.

„Ich muss ganz ehrlich sagen: Wenn wir jetzt anfangen, äh, uns noch entschuldigen zu müssen dafür, dass wir, äh, in Notsituationen ein freundliches Gesicht, äh, zeigen, dann, äh, ist das nicht mein Land", befindet die Kanzlerin mit Blick auf den 5. September 2015. Es kommt der Bundeskanzlerin also darauf an, „ein freundliches Gesicht" zu zeigen, die Einhaltung geltenden Rechts ist für sie ohne Bedeutung. In aller Deutlichkeit haben Otto Depenheuer und Christoph Grabenwarter im Vorwort zu ihrem Buch „Der Staat in der Flüchtlingskrise" die Lage zusammenfassend beurteilt: „Der Rechtsstaat ist im Begriff, sich im Kontext der Flüchtlingswelle zu verflüchtigen, indem das geltende Recht faktisch außer Kraft gesetzt wird. Regierung und Exekutive treffen ihre Entscheidungen am demokratisch legitimierten Gesetzgeber vorbei, staatsfinanzierte Medien üben sich in Hofberichterstattung, das Volk wird stummer Zeuge der Erosion seiner kollektiven Identität."[9]

Der ehemalige Präsident des Bundesverfassungsgerichts, Hans-Jürgen Papier, kommt in einem Interview mit der „Welt" zu der Würdigung, dass die rechtlichen Probleme, die mit der Zuwanderung der letzten Jahre offenkundig geworden sind, nicht gelöst worden sind. „Es muss vor allem sichergestellt werden, dass das Asylrecht nicht länger zweckentfremdet werden kann als Türöffner für eine illegale Einwanderung - und zwar von Personen, die ersichtlich kein Individualrecht auf Asyl in Deutschland oder der EU haben." Sehr deutlich fordert Hans-Jürgen Papier, die bestehende Praxis zu beenden, „nach der jedermann auf der Welt mit der bloßen Erklärung, einen Asylantrag stellen zu wollen, ein Einreise- und damit faktisch ein Aufenthaltsrecht von nicht absehbarer Dauer erhält - das (…) dann vielfach kaum mehr zu beenden ist. Das kann ein Rechtsstaat nicht hinnehmen."[10]

Die Bundeskanzlerin lässt sich durch das gesetzte Recht nicht von ihrer Willkommenspolitik abbringen. Der Rechtsstaat ist für sie ohne Bedeutung angesichts der Möglichkeit, „ein freundliches Gesicht" zu zeigen.

1.3   Der 5. September 2015

Der 5. September 2015 wird, so steht mit ziemlicher Sicherheit zu vermuten, einer der Tage sein, die fundamental bedeutend für den weiteren Verlauf der Geschichte Deutschlands und Europas werden. An diesem Tag beginnt der ungebremste Zustrom von

Migranten mit der Öffnung der deutschen Grenzen. Die Bundeskanzlerin trifft mit der Grenzöffnung des Landes eine Entscheidung mit unübersehbaren Folgen für die gesellschaftliche und staatliche Entwicklung. Zwei Tage vor dem 5. September 2015 zeigt die Kanzlerin, dass sie bewusst die kommende Krise in Kauf nimmt und diejenigen, die Ängste vor einer Islamisierung äußern, als mutlos ansieht.

Am 3. September 2015 nimmt die Bundeskanzlerin Angela Merkel die ihr von der Universität Bern verliehene Ehrendoktorwürde entgegen. Sechs Jahre hat sie sich für diesen Termin Zeit gelassen, die Ehrung ist bereits 2009 ausgesprochen worden. Der amtierende Rektor der Universität, Markus Täuber, in vollem Talar und mit Barett gekleidet, ist begeistert, aber auch sehr aufgeregt über den hohen Besuch, so aufgeregt, dass seine Laudatio auf die Kanzlerin ziemlich stockend und stotternd gerät, vor allem, wenn er sich in seinem Manuskript verblättert. Das Publikum wahrt die Contenance, der Bundeskanzlerin zucken gelegentlich die Mundwinkel. Die Kanzlerin erhält die Urkunde ihrer Ehrendoktorwürde in einer roten verschlossenen Papprolle überreicht, sie überzeugt sich, ob auch wirklich ein Stück Papier in der Rolle stecke. Nach der Ehrung ist eine Fragestunde vorgesehen, in der aus dem handverlesenen Publikum der Kanzlerin genehme Fragen gestellt werden können. Die vorgesehene Regie der störungsfreien Veranstaltung stockt jedoch, als eine Fragestellerin, im Eingang des Festsaals stehend, kritisch fragt.

Die Erkenntnis der Kanzlerin: Angst ist kein guter Ratgeber.

„Frau Bundeskanzlerin, danke, dass ich das Wort kriege", beginnt die Diskussionsteilnehmerin mit Schweizer Akzent. Sie spricht zu Beginn ihrer Frage von „Verantwortung", es gebe die „Verantwortung", uns in Europa zu schützen. Dann leitet die Fragestellerin über zu ihrer Angst. Sie spricht von ihrer „großen Angst" vor der Islamisierung und richtet an die Kanzlerin die Frage, wie sie „Europa und unsere Kultur schützen" wolle. Die Kanzlerin antwortet: „Ähm, ich glaube erst einmal, dass der Islamismus und der islamistische Terror leider Erscheinungen sind, die wir ganz stark natürlich in Syrien haben, in Libyen und im Norden des Irak haben, aber zu dem die Europäische Union eine Vielzahl von Kämpfern beigetragen hat. Wir können nicht sagen, das ist ein Phänomen, das uns nichts angeht." Der Sinn dieser Antwort erschließt sich nur schwer, es sei aber eine Interpretation versucht.

Die Kanzlerin beschuldigt Europa, dass Muslime aus Europa in den Mittleren Osten gehen, um für Terrororganisationen zu kämpfen. Europa verursacht nach Aussage der Kanzlerin den Terrorismus. Zögernd antwortet die Kanzlerin auf die Frage. Aber sie zeigt bald eine beachtenswerte Unbekümmertheit über die grundlegenden Ursachen islamistischen Terrors, die sie Europa zuschreibt, nicht aber einem gewalttätigen Islam. Das Publikum bleibt ruhig, auch in Anbetracht dieser speziellen Ursachenbeschreibung für islamistischen Terror.

Dann ergänzt die Kanzlerin unter „Zweitens", ohne eine Miene zu verziehen, von oben herab: „Angst war noch nie ein guter Ratgeber, das ist im persönlichen Leben und auch im gesellschaftlichen Leben. Kulturen und Gesellschaften, die von Angst geprägt sind, werden mit Sicherheit die Zukunft nicht meistern." Die Dame im Publikum hat Angst vor Terrorismus und die Kanzlerin vermittelt die Weisheit, dass Angst kein guter Ratgeber sei, denn damit könne sie die Zukunft nicht meistern. Das Publikum bleibt ruhig.

Im übrigen empfiehlt die Kanzlerin der Fragestellerin unter „Drittens", bibelfester zu werden, zu lernen, Bilder in der Kirche zu erklären und sich über die Bedeutung des Pfingstfestes zu informieren. „Irgendwie komisch" sei es, sich darüber zu beklagen, „dass Muslime sich besser im Koran auskennen."[11] Die Fragestellerin hat sich nicht darüber beklagt, dass Muslime sich besser im Koran auskennen, und einen Vergleich zwischen den religiösen Kenntnissen von Muslimen und Christen hat sie auch nicht gezogen. Das Publikum applaudiert begeistert, zufrieden lächelnde Gesichter der Zuhörer signalisieren Zustimmung zu den befremdlichen Ausführungen der Kanzlerin.

Erstaunlich ist, dass die Bundeskanzlerin nach diesen konfusen Äußerungen, die keinesfalls auch nur im Ansatz auf die wichtige Frage der Diskussionsteilnehmern, wie die Kanzlerin Europa und unsere Kultur schützen wolle, eingeht, auch noch langen Applaus von den Zuhörern erhält. Auch der Rektor der Universität kann seine Begeisterung nur schwer zügeln. Er bedankt sich herzlich für die „reflektierten Überlegungen" der Bundeskanzlerin. Es steht zu vermuten, dass die Zuhörer, der Rektor ganz bestimmt, die Quintessenz aus dem stockend vorgetragenen Diskussionsbeitrag der Kanzlerin mit vielen Halbsätzen, eingerahmt von zahlreichen „Ähs", nicht verstanden haben: Am islamischen Terror sind die Europäer schuld und einer Islamisierung Europas können wir entgegentreten, wenn wir nicht ängstlich sind und bibelfester werden. Hier offenbart die Kanzlerin eine Weltsicht, die nur noch kopfschüttelnd zur Kenntnis genommen werden kann, die aber Anlass bietet, alle Handlungen der Bundeskanzlerin mit großem Argwohn zu verfolgen.

Zahlreiche Medien, deren Rolle in der Flüchtlingskrise und auch bei anderen unerwarteten Volten der Bundeskanzlerin später noch näher zu beleuchten sein werden, zeigen sich begeistert über die Worte der Kanzlerin. Der „Stern" lobt den „Klartext von der Kanzlerin", die sich „geradeheraus" geäußert habe.[12] Der „Focus" spricht ebenfalls über den „Klartext" und stellt fest: „Das ist Merkels großartige Antwort auf die Angst vor einer Islamisierung in Europa".[13] Die „Welt" schreibt über „Merkels deutliche Botschaft an alle besorgten Bürger".[14] Die „Westdeutsche Zeitung" titelt: „Keine Angst vor Islamisierung - viel Lob für Merkels klare Worte".[15] Ich habe keine deutsche Zeitung gefunden, die zu einer anderen Berichterstattung als die Zeitungen dieser wenigen hier aufgeführten Beispiele gekommen sind. Einhellig wird die Bundeskanzlerin mit Lob überschüttet, mögen ihre Äußerungen auch noch so anmaßend und dreist sein. Die klare Wertung dieser Darbietung der Kanzlerin und der folgenden Berichterstattung sollte heißen: Das ist ein Auftritt der Bundeskanzlerin zum Fremdschämen und das ist Journalismus zum Fremdschämen.

Die Medien der Schweiz kommen im Gegensatz zu deutschen Medien zu differenzierteren und zurückhaltenderen Einschätzungen. Der „Tagesanzeiger" aus Zürich bewertet den Besuch der Kanzlerin als „harmlosen Plausch unter Freunden".[16] Die „Neue Zürcher Zeitung" berichtet sachlich über die unverbindlichen Aussagen Merkels zu den Sorgen über Masseneinwanderungen in die Schweiz und darüber, dass Merkel betont habe, Deutschland müsse Verantwortung in der Flüchtlingskrise übernehmen.[17] Das „Tagblatt" aus St. Gallen berichtet ebenso kühl, dass die Bundeskanzlerin sich „extrem vage" ausdrücke und „keine konkreten Ideen" vorbringe.[18] Diese Medienstimmen sind zwar ein Lichtblick im Vergleich zu der Tristesse, die deutsche Medien in der Berichterstattung über den Besuch der Bundeskanzlerin in Bern verbreiten, allerdings benennen auch sie nicht die Torheiten, die die Kanzlerin absondert, mit richtigem Namen.

***

Währenddessen bahnen sich in Ungarn große Schwierigkeiten aufgrund des Migrantenzustroms an.

In der ungarischen Hauptstadt Budapest stauen sich seit mehreren Tagen Migranten. Wo die Menschen herkommen, weiß niemand genau, denn gut die Hälfte von ihnen hat keine Identifikationspapiere. Die Ausweispapiere haben sie angeblich auf der Flucht verloren. Die Migranten behaupten, aus Syrien, Afghanistan, Irak, Somalia und dem Sudan aufgebrochen zu sein.

Auf dem Keleti-Bahnhof in Budapest sind noch vor einer Woche Sonderzüge mit Asylbegrenden nach Wien und München abgefahren, jetzt aber hat der ungarische Ministerpräsident Viktor Orbán nach Intervention der österreichischen und deutschen Regierung die Züge Richtung Österreich und Deutschland gestoppt. Orbán hat konsequenterweise auch veranlasst, einen Zaun um Ungarn bauen, um den weiteren Zustrom von Migranten zu unterbinden. Viele Menschen machen sich nun zu Fuß auf den Weg. Ihr Ziel ist Deutschland.

Beängstigende Entwicklungen zeigen sich an der deutschen Grenze, die Kanzlerin aber nimmt Routinetermine wahr.

Obwohl sich eine dramatische Entwicklung des Migrantenzustroms schon länger abzeichnet, absolviert die Kanzlerin zahlreiche Routinetermine. Sie nimmt keinen Kontakt zu Viktor Orbán auf. In mehreren politischen Fragen sind beide Regierungschefs unterschiedlicher Ansicht, so in der Politik gegenüber Russland, nachdem das Land die Krim annektiert hat und in der Ukraine Krieg führt, und vor allem in der Migrantenkrise. Gegenüber dem EU-Parlamentspräsidenten Martin Schulz hat Orbán erklärt, der Zustrom von Migranten sei ein deutsches Problem: „Das Problem ist kein europäisches Problem. Das Problem ist ein deutsches Problem." Schulz beeilt sich zu erklären, dass er nicht der Ansicht Orbáns sei.[19]

Statt mit Orbán zu telefonieren, fliegt die Kanzlerin nach München und lässt sich anschließend in eine Schule in den Ort Buch am Erlbach fahren, um sich innovative Projekte, wie zum Beispiel ein elektronisches Vogelhäuschen erklären zu lassen. Sehr schöne Fotos mit fröhlichen Kindern und einer strahlenden Kanzlerin werden in den Zeitungen veröffentlicht. Mit „Servus, Angie" verabschiedet ein Bub die Kanzlerin, schreibt die „Abendzeitung" begeistert.[20] Anschließend besucht die Kanzlerin das Gründerzentrum der Technischen Universität München, wo sie eine Rede hält und bei ihrem Besuch sehen kann, wie der innovative Roboter Toru mit Hilfe von 3D Sensoren einzelne Objekte aus einer Kiste entnimmt.

Anschließend fliegt die Kanzlerin von München nach Köln und dann per Hubschrauber ins Ruhrgebiet. In Essen steht eine Parteiveranstaltung auf dem Programm. Die Kanzlerin hält eine Wahlkampfrede vor einigen hundert Menschen, die trotz des leichten Regens vor dem Podium ausharren und sich anhören, wie sie die CDU lobt und die SPD-Politik in Nordrhein-Westfalen kritisiert. Zwischenrufe wie „Merkel muss weg!" überhört sie souverän. Dann fliegt sie wieder nach Köln, um im Botanischen Garten den 70. Geburtstag der Landes-CDU Nordrhein-Westfalen mit einer Rede zu feiern. Am späten Abend fliegt die Kanzlerin zurück nach Berlin und lässt sich in ihre Wohnung fahren.

Etwa um Mitternacht stimmt die Kanzlerin in einem Telefongespräch mit dem österreichischen Bundeskanzler Werner Faymann einer Öffnung der Grenzen zu. Die österreichische Nachrichtenagentur APA meldet um 00:17 Uhr: „Österreich und Deutschland erlauben aus Ungarn kommenden Flüchtlingen die Weiterreise in ihre Länder. Das erklärte Bundeskanzler Werner Faymann am Freitagabend nach einem Gespräch mit dem ungarischen Premierminister Viktor Orbán. Die Entscheidung sei „aufgrund der heutigen Notlage an der ungarischen Grenze" gefallen, hieß es seitens des Kanzleramtes." Hundert ungarische Busse, besetzt mit Migranten, fahren an die ungarisch-österreichische Grenze, dort steigen die Migranten in österreichische Busse um, die sie direkt nach Deutschland befördern. Züge bringen Migranten dann nach München, Frankfurt am Main und Dortmund. Um 13:00 Uhr kommen die ersten 400 Migranten am Münchner Hauptbahnhof an.

Die Willkommenskultur wird zelebriert.

Am nächsten Tag treffen stündlich Züge mit Migranten ein, bald sind es mehr als 10.000 Menschen täglich, jubelnd empfangen vor allem von freiwilligen Helfern. Eine befremdliche Empfangseuphorie zeigt sich bei den Helfern. Auch die Medien heißen die „Flüchtlinge" begeistert willkommen. Den Fernsehnachrichten ist zu entnehmen, dass „Flüchtlinge" vor allem Mütter mit kleinen Kindern sind, denn diese dominieren die Bilder. Männer kommen, jedenfalls wie es die gesendeten Filme im deutschen Fernsehen und die Bilder in den deutschen Zeitungen glauben machen wollen, kaum ins Land.

Anders sieht es auf den Fotos und Videos aus Ungarn aus: Junge Männer dominieren die Bilder, Frauen sind kaum zu sehen, gelegentlich sitzt ein Kind auf den Schultern eines Vaters. Es fällt schwer, auf den Fotos aus Ungarn, die teilweise aus erhöhter Perspektive hunderte Flüchtlinge zeigen, überhaupt eine Frau zu erkennen. Viele deutsche Medien wollen die Wirklichkeit ausblenden, denn wenn der ungeregelte Zustrom Hunderttausender junger Männer gezeigt würde, dürfte dies deutlich weniger Zustimmung und Begeisterung bei den Bundesbürgern hervorrufen. Noch überwiegt die Hochstimmung. Die Indoktrination durch die Medien wirkt.

Die Entscheidung zur Öffnung der Grenzen soll eine Ausnahme gewesen sein, „wenn Not ist, muss geholfen werden", sagt der CDU-Kanzleramtsminister Peter Altmaier. Auf die Frage des „Brennpunkt"-Moderators im ersten Programm des Deutschen Fernsehens, Stefan Scheider, was passiere, wenn die Not morgen weitergehe, antwortet Altmaier, Deutschland werde weitere Flüchtlinge aufnehmen, die Willkommenskultur sei groß. In der „Heute"-Sendung des Zweiten Deutschen Fernsehens antwortet Altmaier auf die Frage der Journalistin Bettina Schausten, ob es noch einmal zu einer „Ausnahme" kommen könne: „Es hat wenig Sinn zu spekulieren." Die Kanzlerin äußert sich nicht öffentlich.

Zwei Jahre später erklärt die Bundeskanzlerin in einem Interview mit der „Welt am Sonntag", auf die Frage, ob sie noch einmal alles genau so machen würde wie im September 2015: „Ja. Deutschland hat damals in einer sehr schwierigen Situation human und richtig gehandelt."[21] Bezeichnend ist, dass Angela Merkel auf die direkte Frage, ob Sie persönlich alles noch einmal genauso machen würde, nicht antwortet, sondern erklärt, Deutschland habe richtig gehandelt. Offensichtlich sieht sich die Kanzlerin nicht in der Verantwortung. Die nächste Frage der Journalisten beginnt mit der Bemerkung „Drei Wochen nach der Grenzöffnung ...", ohne dass die Frage formuliert werden kann, denn die Bundeskanzlerin korrigiert heftig: „Es war keine Grenzöffnung. Deutschlands Grenzen waren offen und wir haben entschieden, sie nicht zu schließen." Da ist wieder dieses „wir", hinter dem sich die Kanzlerin erst versteckt und dann eine semantische Exegese über das Wort „Grenzöffnung" betreibt, um am Ende auszuweichen, indem sie den Inhalt der Frage nach der Verantwortung über den ungehinderten Massenzustrom von Migranten schlicht überhört.

Mit einer Schuldzuweisung gegenüber anderen Ländern, die die über den Balkan führenden Routen der Migranten durch Grenzkontrollen schließen und damit bewirken, dass der Massenzustrom abebbt, ist die Bundeskanzlerin schnell zur Hand: „Ich bin gegen unabgestimmte nationale Maßnahmen". Mit einer erstaunlichen Chuzpe verdrängt sie die Tatsache, dass sie selber mit der Grenzöffnung unabgestimmt mit anderen europäischen Ländern den Migrantenzustrom geradezu ausgelöst hat. Nachhaltige Irritationen aller europäischen Länder sind die Folge. Die Kanzlerin schadet der Gemeinschaft.

Am 5. September 2015 kommen allein am Münchner Hauptbahnhof 6780 Migranten an. Am 6. September 2015 passieren rund 15.000 Menschen die Grenze zwischen Ungarn und Österreich, 90 Migranten beantragen in Österreich Asyl. Am nächsten Wochenende kommen 20.000 Migranten nach München. Eine Registrierung findet kaum noch statt. Der Staat hat die Kontrolle verloren.

1.4 Die Reaktionen der Bevölkerung

Der Kontrollverlust des Staates bleibt auch in der Bevölkerung nicht unbemerkt und führt zu einer wachsenden Besorgnis der Bürger, stellt das Institut für Demoskopie Allensbach schon im Oktober 2015 fest, als die Medien ungeachtet vieler Probleme massiv und nahezu gleichgeschaltet immer noch Euphorie über den Migrantenzustrom verbreiten.[22]

Das Publikum ist nicht so dumm, wie Regierende und Medien meinen.

Die entstehende Skepsis verwundert nicht, denn immer mehr werden die Bürger unmittelbar mit der Migrantenkrise konfrontiert. Die anfängliche Gelassenheit vieler Bürger, die Krise könne gemeistert werden, ist bereits etwa einen Monat nach Öffnung der Grenzen erkennbaren Bedenken gewichen. Eine deutliche Mehrheit der Bürger (86 Prozent) erfährt direkt, dass in ihrer Region Migranten untergebracht worden sind. Die Unterbringung der Migranten hat nach Ansicht von 72 Prozent der vom Allensbach-Institut Befragten zu Problemen geführt. Realistisch schätzen die befragten Bürger die Ausbildung der Migranten ein, nur 14 Prozent sind der Ansicht, dass viele gut Ausgebildete nach Deutschland gekommen seien.

Sehr oft äußern die Befragten Bedenken, dass die Flüchtlinge Deutschland stark verändern würden (66 Prozent) und die Zahl der Muslime stark steige (62 Prozent). Auch bestehen Befürchtungen, dass Terroristen ins Land kommen (62 Prozent). Das staatliche Handeln sieht eine Mehrheit mit Zweifeln: Die Politik sei ratlos, wie mit Flüchtlingen umgegangen werden solle (57 Prozent), Deutschland habe die Kontrolle darüber verloren, wie viele Flüchtlinge ins Land kommen (57 Prozent), die Politiker könnten die Situation vor Ort nicht einschätzen (50 Prozent).

Zu ähnlichen Ergebnissen wie das Allensbach-Institut kommt das Deutsche Institut für Wirtschaftsforschung DIW in einem „Stimmungsbarometer zu Geflüchteten in Deutschland" im März 2016.[23] Allerdings betont das „Stimmungsbarometer" in der Darstellung positive Aspekte, indem der Bericht das Engagement der Bevölkerung durch Sachspenden oder Geld an erster Stelle erwähnt oder grundsätzlich die positiven Momente herausstellt. So schreibt das DIW zur Frage, ob das kulturelle Leben durch Flüchtlinge eher untergraben oder bereichert werde, dass der Anteil der positiven Bewertung auf 34 Prozent gestiegen sei, um dann mit einem „gleichwohl" auf das Ergebnis der negativen Bewertung zu kommen, nämlich, dass die „Hälfte der Befragten die Folgen der Flüchtlingszuwanderung auf das kulturelle Leben negativ" beurteile. Auf die Frage, ob Deutschland durch die

Flüchtlinge zu einem schlechteren oder besseren Ort werde, antworten 55 Prozent mit negativen Einschätzungen. Insgesamt überwiegt die Skepsis.

Das Umfrageinstitut Infratest dimap stellt Anfang Dezember 2015 fest, dass 54 Prozent der Bevölkerung meinen: „Wir schaffen es nicht, die Flüchtlinge erfolgreich zu integrieren."[24] Nach dem Ergebnis dieser Erhebung sorgt sich die Mehrheit, dass die Konkurrenz auf dem Wohnungsmarkt größer wird (57 Prozent) und der Einfluss des Islam in Deutschland zu stark wird (52 Prozent).

Die Umfragen, selbst wenn sie nach unterschiedlichen Methoden (direktes Interview oder Telefonumfrage) und unterschiedlichen Stichprobengrößen durchgeführt werden, zeigen die Tendenz zu einer ausgeprägten Skepsis hinsichtlich der gelingenden Bewältigung des Migrantenzustroms. Die Bürger sehen die Realität.

Zu ganz anderer Einschätzung kommen Politiker, zumindest in ihrer öffentlichen Darstellung, und die Leitmedien. Beide stellen in ihren Reden und in ihrer medialen Darstellung die Willkommensjubler, hauptsächlich Frauen und Mädchen, in den Vordergrund, die an den Bahnhöfen die Migranten begeistert klatschend empfangen. Natürlich gibt es auch Menschen in Deutschland, die über den Zustrom der Migranten beglückt sind, die mit verklärten Augen die Migrantenkolonnen begrüßen, ihnen „Refugees Welcome"-Schilder entgegenhalten, Luftballons in den Himmel steigen lassen und ihnen Teddybären zuwerfen.

Sie dürften aber, entgegen dem Eindruck, der in den Medien verbreitet wird, eine verschwindende Minderheit sein. Das beruhigt, denn es wäre gar zu erschreckend, wenn eine nennenswerte Anzahl Deutscher eine ausgeprägte Indolenz gegenüber den Risiken hätte, die jetzt auf das Land zukommen. Die Umfrageergebnisse der Meinungsforschungsinstitute könnten beruhigen, sie bleiben allerdings ohne Folgen, da die Regierenden die Realität ausblenden.

1.5   Die Rolle der Politiker

„Rot-grün schafft mit der (…) Ausweitung der Aufenthaltsrechte über die Genfer Flüchtlingskonvention hinaus massive Anreize für Armutsflüchtlinge aus aller Welt. Dies würde in kurzer Zeit zu einer erheblich höheren Zuwanderung nach Deutschland führen, die nicht im Interesse unseres Landes ist. (…) Wir wollen Zuwanderungsanreize für nicht anerkennungsfähige Asylbewerber weiter einschränken. Nur staatliche Verfolgung darf einen Anspruch auf Asyl und Aufenthalt auslösen. (…) Die Leistungen (nach dem Asylbewerberleistungsgesetz) sollen so ausgestaltet werden, dass von ihnen kein Anreiz ausgeht, nach Deutschland statt in ein anderes europäisches Land zu kommen."[25] Diese Versprechungen machen CDU/CSU im gemeinsamen Wahlprogramm im Jahr 2002 unter der Überschrift „Identität Deutschlands bewahren" und dem Unterpunkt „Zuwanderung steuern und begrenzen".

Die CDU-Vorsitzende Merkel lehnt eine multikulturelle Einwanderungsgesellschaft ab, die Bundeskanzlerin Merkel vertritt eine unbegrenzte Zuwanderung.

Konsequent ist es, unter diesen CDU-Zielen zu verdeutlichen: Die „Umgestaltung in eine multikulturelle Einwanderungsgesellschaft lehnen wir ab." Parteivorsitzende der CDU ist Angela Merkel. Einige Jahre später will die Bundeskanzlerin Angela Merkel nichts mehr von ihrem früheren Wahlprogramm wissen.

Als Bundeskanzlerin sieht Angela Merkel keine unlösbaren Probleme, die aus ihrer unbegrenzten Zuwanderungspolitik entstehen könnten. In der Bundespressekonferenz am 31. August 2015 befindet die Bundeskanzlerin: „Wir schaffen das!"[26] Leider sagt die Kanzlerin nicht, wer mit dem „wir" gemeint ist, ob es die Politiker sind oder die Kommunen, die die Migranten mit Geld, Lebensmitteln und Unterkünften versorgen müssen, ob es die Bürger sind, die über ihre Steuern und Sozialabgaben die Migranten finanzieren müssen oder ob es wiederum die Bürger sind, die in den Städten enger zusammenrücken sollen. In welchem Zeitraum soll „das" geschafft werden? Sollen alle Not leidenden Menschen der Welt aufgenommen werden? Und es wäre „hilfreich" gewesen, um eine Lieblingsvokabel der Kanzlerin zu benutzen, zu erfahren, was geschafft werden soll. Geht es darum viele Millionen kulturfremder Menschen, von denen eine überwältigende Mehrheit Analphabeten sind, zu integrieren? Soll es geschafft werden, auch noch einen unüberschaubaren Familiennachzug zu bewältigen? Und schaffen „wir" es, auch angesichts des unkontrollierten Zustroms hunderttausender Migranten mit ungeklärten Identitäten die öffentliche Sicherheit aufrechtzuerhalten? Die Bundeskanzlerin hat keinen Plan, kein definiertes Ziel, keine Idee einer Gestaltung der Krise. Sie lässt die Dinge treiben.

Die Bundeskanzlerin spricht über die 800.000 Menschen, die alleine im Jahr 2015 „zu uns kommen werden." In ihren Ausführungen über die Grundsätze, weshalb diese Menschen zu uns kommen können, bezieht sie sich auf das Grundgesetz, das politisch Verfolgten Asyl gewähre, außerdem führt sie aus, dass der Grundsatz der Menschenwürde nach Artikel 1 des Grundgesetzes es gebiete. Wenn andere gegen die Flüchtlingspolitik demonstrieren wollen, werden „wir" uns mit der ganzen Härte unseres Rechtsstaates gegen die wenden, die andere „anpöbeln". An welche Gesetzesnorm die Bundeskanzlerin gedacht haben könnte, die die Härte des Rechtsstaats für „pöbeln" kodifiziert, sagt sie nicht. Die Kanzlerin ruft auch dazu auf, solchen Demonstrationen nicht zu folgen: „Halten Sie Abstand!"

Ausdrücklich bedankt sich die Bundeskanzlerin bei den Medien über „die vielen wunderbaren Berichte" über Helfende und fordert die Medien auf, „genau das fortzusetzen", denn darin könnten die „guten Bürgerinnen und Bürger (…) Vorbilder und Beispiele" sehen. Die Bundeskanzlerin unterscheidet offenbar gute Bürger, die ihre Politik unterstützen und schlechte Bürger, die mit ihrer Politik nicht einverstanden sind. Ungehemmt fordert sie die Medien zu einer unterstützenden Berichterstattung über ihre Politik auf. Kein Journalist fragt nach, was die Kanzlerin mit dieser Bemerkung gemeint habe. Die Medien nehmen das Kanzlerinnenlob gerne entgegen.

Die an den Vortrag der Bundeskanzlerin anschließenden Fragen der Journalisten zeigen, dass sich manche Fragende, zumindest dann, wenn es sich um Fragen zu Flüchtlingen handelt, auf einer Linie mit der Kanzlerin sehen. So beginnt eine Journalistin ihre Frage mit der wertenden Feststellung, dass die Kanzlerin in Sachsen „auf das Übelste beschimpft worden" sei, um dann zu fragen, ob die Kanzlerin Menschen mit rechter Gesinnung verloren gebe. Die Bundeskanzlerin antwortet darauf, „wir" hätten mit Blick auf das Grundgesetz „die Verpflichtung, das durchzusetzen, was wir wollen." Deshalb könne es auch keine Toleranz geben. Nähere Ausführungen zu dieser sehr speziellen Interpretation des Grundgesetzes, in dem sie die Bestimmung gefunden haben will, das durchzusetzen was „wir" wollen, macht die Kanzlerin nicht. Wieder kommt niemand auf die Idee nachzufragen.

Der Islam gehört natürlich zu Deutschland, weiß die Kanzlerin.

Eine weitere Frage bezieht sich auf eine Äußerung des Bundespräsidenten, der sich so geäußert habe, dass die Deutschen von dem „Bild einer Nation, überwiegend christlich, überwiegend hellhäutig und sehr homogen" wegkommen und das Nationenbild neu definieren müssten. Angela Merkel bestätigt die Verschiedenheit und sieht die Tendenz der Verstärkung der Verschiedenheit. Ausdrücklich betont sie, dass der Islam „natürlich zu Deutschland gehört." Der zu Deutschland gehörende Islam erfährt jetzt eine erhebliche Stärkung, da etwa um die 90 Prozent der Migranten muslimischen Glaubens sind.

Bundespräsident Gauck hat im Interview mit dem „General-Anzeiger" in Bonn am 25. August 2015 auf die Frage, ob Flüchtlinge und Zuwanderer eine Chance für Deutschland seien, betont, „dass die Diskussion über die Chancen der Zuwanderung an Fahrt gewinnen wird, wenn sich noch mehr Menschen als bisher von dem Bild einer Nation lösen, die sehr homogen ist, in der fast alle Menschen Deutsch als Muttersprache haben, überwiegend christlich sind und hellhäutig."[27] Der Bundespräsident plädiert für eine Neudefinition des Begriffes Nation als „eine Gemeinschaft der Verschiedenen." Die herkömmliche als Nation verstandene Gemeinschaft von Menschen mit gemeinsamer Sprache, Tradition, Sitten und Kultur erklärt der Bundespräsident damit kurzerhand als obsolet. Öffentliche Reaktionen auf die Ungeheuerlichkeit dieser Aussage des Bundespräsidenten, mit der er eine jahrhundertlange gemeinsame Entwicklung der Deutschen zur Disposition stellt, sind nicht erkennbar.

Jetzt, im Jahr 2015, ist der Bundespräsident offenbar mit seiner Nation als „Gemeinschaft der Verschiedenen" zu einer neuen Einsicht gekommen, die er bisher noch deutlich abgelehnt hat. Drei Jahre zuvor noch hat Gauck auf dem Katholikentag in Mannheim die Bedeutung des christlichen Glaubens betont: „Ich glaube, dass dieses Land seine Stärke und sein Wohlergehen auch dadurch hat, dass der Glaube vieler Menschen hier eine Rolle spielt. Dass das Engagement aus dem Glauben eine Rolle spielt." Der Bundespräsident spricht auf dem Katholikentag über den christlichen Glauben und seinen Einfluss auf die Politik, denn die Stärke und das Wohlergehen dieses Landes beruhe darauf, dass der christliche Glaube immer wieder politisches Handeln provoziert habe.[28] Es erstaunt sehr, wie schnell der ehemalige evangelische Pastor Gauck drei Jahre später vor dem Hintergrund ins Land einströmender Muslime das Christentum beiseite schiebt. Der Bundespräsident ist ein Mann der Beliebigkeit.

Zwei Wochen nach der Bundespressekonferenz und der zwischenzeitlichen Öffnung der Grenzen für alle Migranten gibt die deutsche Bundeskanzlerin zusammen mit dem österreichischen Bundeskanzler Werner Faymann am 15. September 2015 eine Pressekonferenz, in der die „Flüchtlingskrise" das beherrschende

Thema ist. Die Fragen der Journalisten sind jetzt wesentlich kritischer als noch in der Bundespressekonferenz zuvor.[29]

Ein Journalist fragt die Bundeskanzlerin mit Hinweis auf die zunehmende Kritik in „den eigenen Reihen" der Kanzlerin und in den Medien, wie sie zu dem Vorwurf stünde, sie habe durch eine übertriebene Aufnahmebereitschaft den Flüchtlingsstrom erst so richtig verbreitert, weil sie weitere Flüchtlinge animiert habe, nach Deutschland zu kommen. Die Kanzlerin antwortet ausweichend, erst die Bilder des freundlichen Empfangs der Flüchtlinge in München, die um die Welt gingen, hätten die Flüchtlinge animiert. Sie sieht also die Ursache des ungehemmten Migrantenzustroms in der Berichterstattung der Medien. Allerdings lässt die Bundeskanzlerin ihre verschachtelte Darstellung ins Leere laufen und beendet ihre Antwort unverständlich. Ihr Versuch aber, die Verantwortung an die Medien abzuschieben, die sie gerade noch für ihre positive Berichterstattung gelobt hatte, ist unübersehbar.

Die neue Erkenntnis der Kanzlerin: „Wir" brauchen Grenzkontrollen.

Deutlich wird die Bundeskanzlerin mit ihrem Bekenntnis: „Ich muss ganz ehrlich sagen: Wenn wir jetzt noch anfangen müssen, uns dafür zu entschuldigen, dass wir in Notsituationen ein freundliches Gesicht zeigen, dann ist das nicht mein Land." Nach dieser emotionalen Äußerung erklärt die Kanzlerin, dass „wir" Kontrollen brauchen, „wir brauchen einen Überblick, wer bei uns einreist." Der Kanzlerin ist also bekannt, dass keine Kontrollen stattfinden und niemand weiß, wer ins Land kommt. Der „Überblick" ist schon lange verloren gegangen.

Es dauert bis zum 19. September 2016 als die Bundeskanzlerin nach der für die CDU verlorenen Wahl zum Berliner Abgeordnetenhaus im Konrad-Adenauer-Haus in einer vorbereiteten und abgelesenen Rede erklärt, dass „die Situation (…) uns eher unvorbereitet traf", mit der „zunächst unkontrollierten und unregistrierten Zuflucht." „Und wenn ich könnte, würde ich die Zeit um viele, viele Jahre zurückspulen", liest sie vor und ergänzt, dass sich das Jahr 2015 nicht wiederholen dürfe. Diese Erkenntnis hält nicht lange vor, denn kaum ein Jahr später verkündet die Kanzlerin im Interview mit der „Welt am Sonntag" unter der Überschrift „Frau Merkel, haben Sie in der Flüchtlingsfrage Fehler gemacht?": „Alle wichtigen Entscheidungen des Jahres 2015 würde ich wieder so treffen." [30] Die Bundeskanzlerin hält sich für fehlerlos.

Selbst nach der Wahl zum Bundestag 2017, bei der die CDU und CSU zusammen mit 32,9 Prozent der abgegebenen Stimmen 8,6 Prozentpunkte verlieren, erkennt die Bundeskanzlerin nicht die Notwendigkeit für Änderungen: „Ich kann nicht erkennen, was wir jetzt anders machen müssten", sagt sie am Tag nach dem Wahldebakel für die Union. Das gilt auch für ihre Politik der uneingeschränkten Migration, die „wir" nicht anders machen müssten. „Wir"!

Das Regierungsprogramm von CDU und CSU für die Jahre 2017 bis 2021 enthält zur „Flüchtlings-Politik" ähnliche Aussagen wie das Wahlprogramm aus dem Jahr 2002. Die bedingungslose Öffnung der Grenzen ist vergessen, es handelt sich vermutlich um eine retrograde Amnesie.

Jetzt schreiben CDU/CSU in „Leichter Sprache. Damit alle es gut verstehen"[31]: „Viele Menschen wollen nach Europa kommen. Weil es ihnen in ihrem Land schlecht geht. Weil sie in Armut leben. Oder weil es in ihrem Land Krieg gibt. Manche Menschen kommen nach Europa, obwohl sie nicht die Erlaubnis haben. Das heißt: illegale Einwanderung. Die illegale Einwanderung soll aufhören. Dafür muss Europa die Grenzen schützen." Auch ein weiteres Rezept haben die beiden Parteien parat: „Allen Menschen soll es gut gehen. Auf der ganzen Welt. Dafür geben wir viel Geld. Damit mehr Menschen gut leben können. Das finden wir gut. Das soll so bleiben!" Der Text ist durchaus als Kunstform zu werten, die dem Leser einen erhellenden Einblick in den verkümmerten Geisteszustand der Parteistrategen gewährt.

Es ist ja nichts dagegen einzuwenden, in klarer und vor allem guter Sprache das Wahlprogramm aufzuschreiben, bedenklich aber ist es, die Probleme aus der Migrantenkrise so sehr zu vereinfachen, dass jeder differenzierende Politikansatz beiseite geschoben wird. Offensichtlich halten die beiden Parteien CDU und

CSU einen beträchtlichen Teil der Interessenten an ihrem Wahlprogramm für manifeste Simpel, die nicht in der Lage sind, Argumente zu verstehen. CDU/CSU schützen die Grenzen und geben viel Geld für die Menschen auf der ganzen Welt, so einfach ist das Regieren. Mal öffnen wir die Grenzen und „zeigen ein freundliches Gesicht", mal schützen wir die Grenzen.

Der Bundespräsident, ist ein Mann der Beliebigkeit. Die Bundeskanzlerin ist eine Frau der Beliebigkeit.

1.6 Befremdliche Äußerungen

Befremdlich sind die oben aufgezeigten öffentlichen Äußerungen der Bundeskanzlerin zur Migrationskrise, die sie allerdings nicht als solche bezeichnet. Ebenso befremdlich sind die Einlassungen zahlreicher Politiker, die sich in begeisterter Zustimmung zur ungesteuerten Zuwanderung ausdrücken.

Merkel ist nicht allein: Martin Schulz (SPD) weiß, dass Flüchtlinge wertvoller als Gold sind ...

Der Präsident des Europäischen Parlaments, Martin Schulz (SPD), ist der Auffassung, dass die in Europa Zuflucht suchenden Menschen uns helfen könnten, unseren Wertekanon wieder wahrzunehmen, den wir verloren hätten. „Was die Flüchtlinge mit zu uns bringen, ist wertvoller als Gold. Es ist etwas, was wir in den letzten Jahren wohl irgendwo auf dem Weg verloren haben: Es ist die Überzeugung, ja der unbeirrbare Glaube an den Traum von Europa", sagt Schulz am 9. Juni 2016 in der „Heidelberger Hochschulrede" in der Aula der Neuen Universität.[32] Schulz ist von der Hochschule für Jüdische Studien eingeladen worden, und ausgerechnet vor Studenten und Lehrenden dieser Institution zeigt der Parlamentspräsident sich begeistert, dass Migranten vorwiegend muslimischen Glaubens nach Deutschland kommen. Martin Schulz verkennt, dass das Konfliktpotential zwischen Muslimen und Juden in Deutschland größer wird, wenn einige hunderttausend Antisemiten ins Land strömen. Warum der „unbeirrbare Glaube an Europa", einem christlich geprägten Kontinent, durch muslimische Migranten gefördert werden könnte, erläutert der Redner nicht.

„Die Dämonen, die diesen Kontinent in den Abgrund gezogen haben, sind lebendiger denn je", erklärt Schulz seinen Zuhörern mit Blick auf diejenigen, die „Multikulturalität" ablehnen und übersieht dabei, dass auch ein ungehinderter Zustrom von Migranten diesen Kontinent in den Abgrund führen könnte. Die Heidelberger Hochschule für Jüdische Studien hat als Leitsatz „...und sinne darüber Tag und Nacht" (Josua 1,8). Schulz hat öffentlich nichts darüber geäußert, dass er je, ob Tag oder Nacht, darüber nachgedacht hätte, sein fehlendes Sensorium für die Zuhörer und den Inhalt seiner Rede zu bedauern.

Dieser Mann wird am 19. März 2017 auf einem Bundesparteitag der SPD einstimmig zum Kanzlerkandidaten für die Bundestagswahl 2017 und mit 100 Prozent der gültigen Stimmen zum Vorsitzenden der SPD gewählt. Es muss davon ausgegangen werden, dass die Parteigenossen auch inhaltlich hundertprozentig mit Martin Schulz übereinstimmen. Im Frühjahr 2018 allerdings, ein Jahr später, wollen die Parteigenossen nichts mehr von ihrem Kandidaten wissen und zwingen ihn zum Rücktritt von den Parteiämtern.

Freude über die Migranten herrscht auch bei Katrin Göring-Eckardt, die auf dem Bundesparteitag der Grünen in Halle/Saale im November 2015 ausruft: „Unser Land wird sich ändern, und zwar drastisch. Und ich freue mich drauf!" Die Fraktionsvorsitzende von Bündnis 90/Die Grünen im Deutschen Bundestag hat zweifellos recht mit ihrer Feststellung der drastischen Änderung unseres Landes, denn die kulturelle Inkompatibilität von Zuwanderern und Einheimischen wird das Land sogar fundamental ändern. Darüber Freude zu zeigen, ist jedoch unpassend, denn es

gibt eine Änderung zu Lasten der bestehenden christlich geprägten Kultur hin zu einer stärker muslimisch geprägten Kultur, eine
Änderung zu Lasten der demokratischen Gesellschaft hin zu einer
tribalistischen Gesellschaft.

*... und Katrin Göring-Eckart (Grüne) stellt fest, dass
wir Migranten brauchen, die sich in unserem Sozialsystem zu Hause fühlen.*

Schon vor der Synode der Evangelischen Kirche in Bremen
zeigt sich Göring- Eckart über die Migranten begeistert, denn
„Wir kriegen jetzt plötzlich Menschen geschenkt", ruft sie aus,
Deutschland werde „religiöser, bunter, vielfältiger und jünger."
Zwei Jahre zuvor zeigt sich Göring-Eckart darüber angetan, dass
Migranten die Sozialsysteme Deutschlands nutzen, denn „wir
brauchen Migranten, die in unserem Sozialsystem zu Hause sind
und sich darin auch zu Hause fühlen können", erklärt sie im
ARD-Morgenmagazin „Moma" im Oktober 2013. Die ARD-In-
terviewpartnerin Göring-Eckarts, Christiane Meier, kommt nicht
auf die Idee nachzufragen, warum Deutschland Migranten brau-
che, die sich in unseren Sozialsystemen zu Hause fühlen.

Das Staatsoberhaupt des Vatikans, Papst Franziskus, sieht die
Migranten ebenfalls als Geschenk: „Ihr werdet als eine Last (…)
behandelt und seid in Wirklichkeit ein Geschenk." Jeder Migrant

sei „eine Brücke, die ferne Völker verbindet" und mit jedem möchte der Papst gerne „unser Brot teilen". „Mit denjenigen, die wegen Unterdrückung aus ihrem Land geflohen sind, die wegen Krieg, die wegen einer verschmutzen und vertrockneten Natur, die wegen der ungerechten Verteilung der Ressourcen des Planeten geflohen sind, sie sind Brüder, mit denen wir unser Brot teilen, unser Leben", sagt der Papst in einer Videobotschaft von Radio Vatikan und bittet obendrein um Entschuldigung dafür, dass „wir" allzu oft unser Brot nicht geteilt hätten. Und dann ergänzt der Papst: „Ihr werdet als Problem behandelt und seid in Wirklichkeit ein Geschenk."[33]

Am 16. April 2016 hat der Papst auf der griechischen Insel Lesbos in einem Migrantenlager verkündet, zwölf syrischen Migranten im Kirchenstaat Asyl zu gewähren und mit ihnen das Brot zu teilen. Allerdings hat der Papst eine sorgfältige Auswahl unter den Migranten treffen lassen, er hat lieber Akademiker mit ihren Kindern anstelle von Analphabeten nach Italien geholt. Nour Essa beispielsweise, eine ausgewählte Migrantin, hat in Montpellier einen Master in Mikrobiologie erworben und hat später in der Syrischen Atomenergie Kommission gearbeitet. Nach einem Jahr sprechen die Migranten gut Italienisch, eine Mutter arbeitet als Biologin in Rom.[34] Im Vatikan hat sich allerdings kein Platz für die Migranten finden lassen, deshalb sind sie in der katholischen Gemeinschaft Sant'Egido in Italien untergekommen. Kommentarlos sei angemerkt: Der Begriff Pharisäer charakterisiert im Neuen Testament die Heuchler: „Darum sage ich euch:

Wenn eure Gerechtigkeit nicht weit größer ist als die der Schriftgelehrten und der Pharisäer, werdet ihr nicht in das Himmelreich kommen." (Evangelium nach Matthäus 5,20).

Im August 2017 hat der Papst eine neue Erkenntnis: „Jeder Fremde, der an unsere Tür klopft, ist eine Begegnung mit Christus", verkündet er und tritt dafür ein, die Rückführung von Flüchtlingen einzustellen und die Einbürgerungen von Flüchtlingen zu erleichtern.[35]

Fast auf der Linie des Papstes ist Reinhard Kardinal Marx, der Vorsitzende der Deutschen Bischofskonferenz, der sich im Interview mit dem „Münchner Merkur" bei der Bundeskanzlerin bedankt, dass diese Recht und Gesetz beiseite geschoben habe: „Ich kann nicht erkennen, dass die Entscheidung der Kanzlerin, die Flüchtlinge aus Ungarn vorübergehend unbürokratisch einreisen zu lassen, falsch war. (…) Ich habe ihr dafür öffentlich gedankt. Sie hat sich sogar über das Gesetz hinweggesetzt. Das gehört auch zur politischen Führung! (…) Ich glaube, sie hat das sehr gut kalkuliert und bewusst getan."[36]

Der Rechtsbruch der Kanzlerin erfährt allerhöchsten katholischen Segen. Auf die Frage allerdings, wann er, der Kardinal, Flüchtlinge in seinem Palais aufnehmen werde, so wie der Papst (angeblich) im Vatikan, muss er bedauernd feststellen, dass die Gebäude des Vatikans „etwas größer" seien als sein Palais Holnstein und daher keine Möglichkeit der Aufnahme von Flüchtlingen bestünde. Der Mann hält das Publikum offensichtlich für sehr unbedarft.

1.7 Die Feigheit der Regierenden

Am 13. September 2015, acht Tage nach der Öffnung der deutschen Grenzen, ist die Bundespolizei bereit, die Grenzen zu schließen und den unkontrollierten Zustrom von Flüchtlingen zu beenden. Nur Menschen mit Pass oder Visum sollen einreisen dürfen.

Die Bundespolizei, hervorgegangen aus dem ehemaligen Bundesgrenzschutz, hat mit ihren rund 35.000 Polizeibeamten als wesentliche Aufgabe, die Grenzen der Bundesrepublik zu schützen. Der Präsident des Bundespolizeipräsidiums, Dieter Romann, hat bereits angeordnet, Vorarbeiten zu leisten, damit die Bundespolizei einsatzbereit ist, um die Grenzen zu schließen.

Romann hat im Juli des Vorjahres in einem Interview mit der „Welt" bereits deutlich die Probleme aus der illegalen Zuwanderung angesprochen, allerdings ohne die Versäumnisse der Regierenden als solche zu bezeichnen.[37] Die Bundespolizei hat nach Auskunft von Romann im Jahr 2013 rund 34.000 Personen wegen illegaler Einreise angezeigt, die Zahl der festgestellten unerlaubten Aufenthalte beträgt in dem Jahr gut 56.000 Fälle. Die Steigerungen gegenüber dem Jahr 2012 liegen jeweils bei etwa 30 Prozent mit weiter steigendem Trend im Jahr 2014. Dies werfe auch angesichts der an Europa heranrückenden weltweiten Krisen „Systemfragen" auf, erklärt der Bundespolizeichef, ohne dass die Interviewpartner der Zeitung, Manuel Bewarder und Martin Lutz, an dieser Stelle wissen wollen, welche Systemfragen gemeint seien.

Im Jahr 2015 ist die Zahl der unerlaubten Aufenthalte in Folge der geöffneten Grenzen nicht einmal mehr feststellbar. Die Bundeskanzlerin ficht diese Situation nicht weiter an, ja, sie ist sogar „ein Stück weit stolz auf unser Land", wie sie in einem Interview mit der „Rheinischen Post" erklärt.[38] Und dann fügt sie hinzu: „Das Grundrecht auf Asyl kennt keine Obergrenze", ohne einen Gedanken darauf zu verwenden, dass zumindest festgestellt werden müsste, wer denn ins Land kommt, um zu entscheiden, ob Asylgründe entsprechend dem Grundgesetz im jeweiligen Einzelfall vorliegen. Auf die kritische Nachfrage der Journalisten Michael Bröcker und Eva Quadbek im Interview, dass schnell eine Million Menschen dauerhaft zu uns kommen könnten, weicht die Bundeskanzlerin mit der Bemerkung aus, dass sie sich an Schätzungen nicht beteilige. Im Übrigen „sollten wir (im Flüchtlingszustrom) vor allem eine Chance sehen."

Währenddessen wird die Lage immer beunruhigender, weil die Bundesländer keine neuen Migranten mehr aufnehmen können.

Politiker aus der zweiten oder dritten Reihe melden sich jetzt zu Wort, um auf die Probleme aufmerksam zu machen.

Der frühere Bundesinnenminister Hans-Peter Friedrich (CSU) sagt der „Passauer Neuen Presse", es sei „eine beispiellose politische Fehlleistung" der Bundesregierung, die Flüchtlinge unkontrolliert und unregistriert ins Land zu lassen.[39] Dies werde zu verheerenden Spätfolgen führen. „Kein anderes Land der Welt" würde sich „so naiv und blauäugig einer solchen Gefahr aussetzen", sagt der Ex-Minister mit Hinweis auf die Gefahr des Einsickerns von Kämpfern der Terrorgruppe IS oder islamistischer Schläfer.

Der bayerische Ministerpräsident Horst Seehofer (CSU) kritisiert die Bundesregierung, in der auch Minister der CSU vertreten sind, ebenfalls heftig: „Das war ein Fehler, der uns noch lange beschäftigen wird. Ich sehe keine Möglichkeit, den Stöpsel wieder auf die Flasche zu kriegen", sagt der CSU-Chef dem „Spiegel".[40] Diese Bemerkung soll die Bundeskanzlerin treffen, ist aber vor allem ein Armutszeugnis für den bayerischen Ministerpräsidenten und CSU-Chef selbst. Aus der Kulisse meldet er sich mit starken Worten, lässt den Dingen aber ihren Lauf.

Beinahe wären die Grenzübergänge tatsächlich geschlossen worden.

Die „Bild"-Zeitung berichtet über einen „Notfallplan", der in einem 30-seitigen Einsatzbefehl für 21 Hundertschaften der Bundespolizei in der Nacht des 13. September 2015 vorgesehen habe, die Grenzen zu schließen.[41] Der entscheidende Satz in diesem Papier laute: „Nichteinreiseberechtigte Drittstaatsangehörige sind zurückzuweisen, auch im Fall eines Asylgesuchs." Die Bundespolizei steht bereit, die Grenzübergänge zu schließen. Aber der Einsatzbefehl kommt nicht. Die Bundeskanzlerin und der Bundesinnenminister hindern die Bundespolizei am Handeln.

Die Bundesregierung bestätigt den „unkontrollierten immensen Zustrom" von Migranten, macht aber „lageangepasst" - nichts.

Mit einer Kleinen Anfrage vom 18. Dezember 2015 an die Bundesregierung möchten Abgeordnete der Fraktion Die Linke wissen, ob der „Bild"-Zeitungsbericht über den Einsatzbefehl an die Bundespolizei, der auch die Zurückweisung von Asylsuchenden vorgesehen habe, zutreffend sei. In der Kleinen Anfrage beziehen sich die Abgeordneten auch auf einen Bericht der „Welt" vom 13. Dezember 2015, die den Bundesinnenminister Thomas de Maizière mit den Worten zitiert, man habe sich aus politischen Gründen gegen das Zurückweisen entschieden.[42]

Die Antwort der Bundesregierung liegt einen Monat später vor.[43] Sie ist ein Zeugnis der Hilflosigkeit.

In der Antwort erklärt die Bundesregierung, sie habe „auf Grund des bis dahin ungesteuerten und unkontrollierten immensen Zustrom von Drittstaatsangehörigen in das Bundesgebiet am 13. September 2015 Grenzkontrollen (…) vorübergehend wieder eingeführt." Die Bundesregierung hat also einen ungesteuerten und unkontrollierten Zustrom immensen Ausmaßes zugelassen, ohne dass rechtzeitig Maßnahmen ergriffen worden wären, die Grenzen zu schützen. Auch der Hinweis, dass Grenzkontrollen wieder eingeführt worden seien, wird in zweierlei Hinsicht eingeschränkt. Diese Grenzkontrollen sollen zum einen nur vorübergehend sein und zum zweiten „lageangepasst im Rahmen des geltenden Rechts und der verfügbaren Personalressourcen." Das geltende Recht wird bereits seit Monaten „lageangepasst" nicht angewendet und wenn überhaupt Grenzkontrollen durchgeführt werden sollten, geschähe dies in Abhängigkeit von dem zur Verfügung stehenden Personal der Bundespolizei. Tatsächlich finden kaum Kontrollen statt, denn die Bundespolizei beschränkt ihre Kontrollaufgaben auf fünf Grenzübergänge, die übrigen 70 Grenzübergänge nach Österreich werden nur sporadisch kontrolliert. Allein in den zwei Monaten nach dem 13. September 2015 greift die Bundespolizei rund 30.000 unerlaubt eingereiste Migranten in Deutschland auf.[44]

Die rechtlichen Bestimmungen zitiert die Bundesregierung in ihrer Antwort auf die Kleine Anfrage mit Hinweisen darauf, dass Drittstaatsangehörige für die Einreise ein gültiges und anerkanntes Grenzübertrittsdokument mitzuführen haben, für diejenigen aber, die diese Einreisevoraussetzungen nicht erfüllen, einreise-verhindernde beziehungsweise aufenthaltsbeendende Maßnahmen zu ergreifen sind. Diese klare Aussage wird jedoch sofort wieder in Frage gestellt, denn „Maßnahmen der Zurückweisung an der Grenze mit Bezug auf um Schutz nachsuchende Drittstaatsangehörige" kämen derzeit nicht in Anwendung. Das heißt im Klartext: Wer an der Grenze „Asyl" ruft, wird ins Land gelassen, auch, wenn er aus einem sicheren Drittstaat in die Bundesrepublik kommt und auch, wenn er nicht anhand eindeutiger Dokumente identifizierbar ist. „Asyl" heißt das Zauberwort für den Eintritt ins Land, für jeden.

An dieser Stelle ist noch einmal ein Exkurs in das Asylrecht notwendig. Das Asylgesetz sieht in § 18 Absatz 4 vor, dass von einer Einreiseverweigerung oder Zurückschiebung im Falle der Einreise aus einem sicheren Drittstaat abzusehen ist, soweit das Bundesministerium des Inneren es aus völkerrechtlichen oder humanitären Gründen oder zur Wahrung politischer Interessen der Bundesrepublik Deutschland angeordnet hat. Der Bundesinnenminister de Maizière hat jedoch keine entsprechende Anordnung erlassen, er traut sich nicht, so dass die Gewährung eines Bleiberechts ohne rechtsstaatliche Grundlage erfolgt. Der Bundesinnenminister versteckt sich hinter der Bundeskanzlerin.

Mehrere Staatsrechtler stellen fest, dass die Kanzlerin die Verfassung gebrochen habe. Konsequenzen gibt es, wie üblich, nicht.

Der ehemalige Richter am Bundesverfassungsgericht Udo di Fabio stellt in einem für den Freistaat Bayern erstellten Gutachten zur Migrationskrise die Frage, ob die deutsche Bundeskanzlerin als ein an Gesetz und Recht gebundenes Verfassungsorgan andauernd gesetzliche Vorschriften missachtet habe.[45] Di Fabio zitiert dazu mehrere Staatsrechtslehrer, wie zum Beispiel Wolfgang Durner oder Martin Nettesheim, die zu der Auffassung kommen, die Maßnahme der Bundeskanzlerin, die Flüchtlinge könnten direkt in Deutschland Asyl beantragen, sei nicht mit § 18 Asylgesetz vereinbar. „Nettesheim vertritt die Ansicht, die „Entscheidung über Staatsgrenzen" sei von so grundsätzlicher und wesentlicher Natur, dass sie vom Gesetzgeber getroffen werden müsse", schreibt Di Fabio. Und den Staatsrechtler Durner zitiert Di Fabio mit dessen fragender Bemerkung, „ob Bundesrecht neuerdings durch Kanzlerwort geändert werden könne." Der Gutachter Di Fabio selber kommt, fast resignierend, zu dem Schluss (S. 82): „Doch um eine Feststellung kommt man auch beim besten Willen, pauschale Verantwortungszuweisungen zu vermeiden, nicht herum: Das geltende europäische Recht (…) wird in nahezu systematischer Weise nicht mehr beachtet, die einschlägigen Rechtsvorschriften weisen ein erhebliches Vollzugsdefizit auf." Auch Di

Fabio bleibt hier im Nebulösen, denn er erwähnt die Bundeskanzlerin an dieser Stelle nicht, die dafür die Verantwortung trägt, dass sie das geltende europäische Recht skrupellos beiseite schiebt.

Aber das Fazit des Gutachtens ist eindeutig: Die Bundesregierung bricht mit ihrer Weigerung, die Grenzen umfassend zu kontrollieren, das Verfassungsrecht, denn „der Bund ist aus verfassungsrechtlichen Gründen (…) verpflichtet, wirksame Kontrollen der Bundesgrenzen wieder aufzunehmen, wenn das gemeinsame europäische Grenzsicherungs- und Einwanderungssystem vorübergehend oder dauerhaft gestört ist." Und weiterhin stellt der Gutachter di Fabio fest, dass das Grundgesetz zwar jedem Menschen, der sich auf dem Gebiet der Bundesrepublik Deutschland befindet, eine menschenwürdige Behandlung zusichere, aber nicht den Schutz aller Menschen weltweit durch faktische oder rechtliche Einreiseerlaubnis. Weder europarechtlich noch völkerrechtlich bestehe eine derartige Rechtspflicht.

Der Staatsrechtler Rupert Scholz (CDU), ehemals Bundesminister der Verteidigung und Mitherausgeber des Standardkommentars zum Grundgesetz „Maunz/Dürig/Herzog/Scholz", erläutert im Interview mit dem „Tagesspiegel", dass ein Staat, zu dem „wesensgemäß" Staatsgebiet, Staatsvolk und Staatsregierung gehören, dann ein Stück der eigenen Staatlichkeit aufgibt, wenn er seine Grenzen aufgibt.[46] Und die Bundeskanzlerin „liegt falsch" in der Annahme, 3000 Kilometer deutsche Grenze könne man sowieso nicht schützen, denn egal, wieviele Kilometer Grenze ein Staat auch habe, er sei verantwortlich für die Wahrung und den Schutz der Grenze. Da hat der Staatsrechtler Rupert Scholz zweifellos einen entscheidenden Punkt angesprochen, denn wenn ein Staat seine Grenzen nicht schützen kann, oder wenn die Regierungschefin des Staates bewusst auf den Schutz verzichtet, dann gibt sich dieser Staat selber auf.

Im Interview korrigiert Rupert Scholz die Bundeskanzlerin auch insofern, als sie meint, das Asylrecht kenne keine Obergrenze. Scholz weist darauf hin, dass das Asylrecht im Grundgesetz mit anderen Rechtsgrundsätzen in Einklang gebracht werden müsse und nur das gewährt werden könne, was ein Land verkraften kann. Der Staatsrechtler bezieht sich dabei auf den römischen Rechtsgrundsatz, niemand müsse für etwas haften, das er nicht voll leisten kann. Ohne seine Aussage weiter zu präzisieren, meint Scholz offenbar den Grundsatz „ultra posse nemo obligatur" (über das Können hinaus wird niemand verpflichtet), mit dem eine moralische oder rechtliche Verpflichtung zur Leistung dann auszuschließen ist, wenn sie unmöglich ist. Das gilt selbst für eine zwar objektiv mögliche, subjektiv aber als unmöglich erachtete Leistung. Das Asylrecht habe dementsprechend Obergrenzen, ja, es könne sogar ganz abgeschafft werden, denn der Artikel 16a des Grundgesetzes mit der Regelung des Asylrechts falle nicht unter die „Ewigkeitsgarantie" des Grundgesetzes. Diese deutliche rechtliche Würdigung der Behauptung der Bundeskanzlerin, es gebe keine Obergrenze im Asylrecht, ficht die Bundeskanzlerin jedoch nicht an. Sie bleibt unbeirrt von der Rechtssituation weiterhin bei ihrer Behauptung, das Asylrecht kenne keine Obergrenze.

Auch ein Gutachten der Wissenschaftlichen Dienste des Deutschen Bundestages mit dem Titel „Einreiseverweigerung und Einreisegestattung nach § 18 Asylgesetz" stellt klar, dass Asylsuchenden die Einreise zu verweigern ist, wenn sie aus einem sicheren Drittstaat einreisen wollen.[47] Zwar gäbe es die zwei Ausnahmetatbestände der völkerrechtlich begründeten Zuständigkeit der Bundesrepublik Deutschland und einer Anordnung des Bundesministeriums des Inneren aus völkerrechtlichen, humanitären oder politischen Gründen eine Einreise zu gestatten (§ 18 Abs. 4 AsylG). Es sei jedoch „unklar", ob die Ausnahmeregelungen von der Bundesregierung herangezogen worden seien. Die Juristen kommen daher zu dem Schluß, dass die Rechtsgrundlage, nach der die Bundesregierung die massenhafte unkontrollierte Einwanderung beschlossen hat, nicht erkennbar sei. Das Fazit dürfte kein Erstauen hervorrufen, denn es gibt keine Rechtsgrundlage.

Das Oberlandesgericht Koblenz kommt in einem Urteil vom 14. Februar 2017 im Zusammenhang mit der Klage, ob ein illegal eingereister Gambier unter das Jugendrecht falle, zu dem Ergebnis, der Betroffene habe sich durch seine unerlaubte Einreise in die Bundesrepublik Deutschland nach dem Aufenthaltsgesetz strafbar gemacht, was aber ohne Rechtsfolge bleibe. Denn „die rechtsstaatliche Ordnung der Bundesrepublik ist in diesem Bereich (...) seit rund eineinhalb Jahren außer Kraft gesetzt und die illegale Einreise ins Bundesgebiet wird momentan de facto nicht mehr strafrechtlich verfolgt."[48] Ein Oberlandesgericht stellt also fest, dass die rechtsstaatliche Ordnung außer Kraft gesetzt ist. Leider sagt das Gericht nicht, wer das Recht außer Kraft gesetzt hat.

Für das Handeln der Bundesregierung ist die Bundeskanzlerin verantwortlich, sie bricht die Verfassung, sie hat fortlaufenden Rechtsbruch betrieben. Folgen für die Bundeskanzlerin gibt es keine. Niemand sieht sich verantwortlich, Konsequenzen aus dem Rechtsbruch zu ziehen. Es herrscht eine Verfassungskrise und diejenigen, die handeln müssten, versagen.

Die Kanzlerin bricht das Grundgesetz, aber die Verfassungsorgane handeln nicht.

Handeln müsste die bayerische Staatsregierung als Auftraggeberin des Rechtsgutachtens von Udo di Fabio. Der bayerische Ministerpräsident und CSU-Vorsitzende Horst Seehofer lässt jedoch lieber das Papier zu den Akten legen. Er kann sich lediglich dazu durchringen zu fordern, die Einreisemöglichkeiten zu begrenzen und zu der Gesetzeslage zurückzukehren, die Asylbewerbern aus sicheren Drittstaaten die Einreise nach Deutschland verwehrt.[49] Der Ministerpräsident fordert, tut aber nichts. Weder sorgt er dafür, die bayrischen Minister aus der Bundesregierung abzuziehen noch veranlasst er eine Klage vor dem Bundesverfassungsgericht. Aber die CSU verkündet auf ihrer Webseite triumphierend, „dass die Grenzöffnung für Flüchtlinge nicht mit dem Grundgesetz vereinbar" sei.[50] An Verlogenheit ist diese schizophrene Reaktion nicht zu überbieten.

Versagt haben die Abgeordneten des Deutschen Bundestages. Die Fraktion der Linken in der Opposition kann sich gerade einmal zu einer Kleinen Anfrage durchringen (s.o.), die Grünen in der Opposition lassen nichts von sich hören, denn sie sind, wie ihre Mitstreiter der Linken, für die Öffnung der Grenzen, also für den Rechtsbruch. Die Abgeordneten der Regierungsparteien CDU/CSU und SPD schweigen. Auch der Bundestagspräsident Norbert Lammert (CDU) ist zum Rechtsbruch nicht zu vernehmen, lediglich eine Begrenzung der Zuwanderung von Flüchtlingen und die Anpassung der Flüchtlinge an die deutsche „Leitkultur" hält er für erforderlich.[51] Das sind wohlfeile Bemerkungen, die ohne Handeln bleiben.

Selbst nach einem offenen Brief des CSU-Politikers Peter Gauweiler an den Bundestagspräsidenten zieht dieser es vor, zu schweigen.[52] Peter Gauweiler, einer der wenigen aufrechten Kämpen in der Politik, schreibt an den „sehr geehrten Herrn Bundestagspräsidenten Lammert", dass das „gesetzliche Verbot der Einreise ohne Aufenthaltstitel oder ohne Pass faktisch außer Kraft gesetzt" sei, ebenso wie das Verbot der Einschleusung in großen Gruppen. „Ebenso, dass sich niemand auf das Asylrecht berufen kann, der sich in einem Mitgliedsstaat der Europäischen Union aufhält." Letzteres stehe sogar im Grundgesetz, erklärt Gauweiler mit einem sarkastischen Unterton dem Präsidenten des Deutschen Bundestages, der offensichtlich der Nachhilfe zur Kenntnis des Grundgesetzes bedarf. Und Peter Gauweiler klärt den Bundestagspräsidenten auch darüber auf, dass nicht einzelne Amtsträger, wie die Bundeskanzlerin, das Recht setzen und Gesetze ins Gegenteil verkehren oder sie aufheben, sondern dass einzig und allein der Bundestag dafür zuständig sei, der im Übrigen auch Hüter der Verfassung sei.

Peter Gauweiler äußert zudem, wiederum mit einem Anflug von Ironie, Verständnis für die Neigung der Parlamentsmanager, heikle Fragen lieber ganz der Regierung zu überlassen, als selbst zu entscheiden, weil man dann nicht unmittelbar Farbe bekennen müsse. Wenn sich das Parlament aber weg ducke, ruiniere dies die Demokratie. Dieser deutliche Brief, „mit freundlichen Grüßen" unterzeichnet, bleibt folgenlos. Der Bundestagspräsident sieht ungerührt zu, dass die Demokratie wesentlich beschädigt wird.

Versagt hat der Bundespräsident. In seinem Amtseid nach Artikel 56 GG schwört Joachim Gauck, dass er Schaden von dem deutschen Volk abwenden und das Grundgesetz und die Gesetze des Bundes wahren und verteidigen wird. Laut Bundesverfassungsgericht kommen dem Bundespräsidenten zwar vor allem

Repräsentations- und Integrationsaufgaben zu, im Krisenfall aber ist er zu „politischen Leitentscheidungen berufen.“[53] Ein Krisenfall liegt vor. Vom Bundespräsidenten ist zur aktuellen Migrationskrise nichts zu hören. Nicht einmal zu einem Hinweis mit „geistig-moralischer Wirkung“, wie es das Bundesverfassungsgericht als Ausdruck der Autorität und Würde des Amtes ansieht, kann Gauck sich durchringen.

Gauck bleibt im Unverbindlichen, so wie beim Festakt zum Start der 40. bundesweiten Interkulturellen Woche in Mainz am 27. September 2015, als er zwar erklärt, die Politik müsse darauf achten, dass die Kernaufgaben eines staatlichen Gemeinwesens, wie der Schutz der Außengrenzen, weiter erfüllt werden, aber kein Wort darüber verliert, dass genau diese Aufgabe von der Bundeskanzlerin vernachlässigt worden ist.[54] Der Bundespräsident hat zwar erkannt, dass die Außengrenzen zu schützen sind, übersieht aber großzügig, dass die Bundeskanzlerin entgegen seiner Darlegung meint, 3000 Kilometer Grenze könnten nicht geschützt werden.

Der Bundespräsident behauptet weiterhin, das Asylrecht habe in der Bundesrepublik Deutschland eine herausragende Bedeutung: „Wir kennen den rechtlichen Rahmen. Unser Asyl- und Flüchtlingsrecht fragt bei jedem Einzelnen nur danach, ob die Voraussetzungen der Schutzgewährung vorliegen“, kann aber offenbar auch angesichts des unkontrollierten Massenzustroms von Flüchtlingen keine Rechtsverstöße erkennen, zumindest äußert er sie nicht. Lediglich „rechtsradikalen Hetzern" droht er: „Es gibt keine rechtsfreien Räume in diesem Land. Ihr werdet verfolgt werden."

Da irrt der Bundespräsident: Rechtsfreie Räume gibt es offensichtlich doch - für die Bundeskanzlerin. Niemand gebietet ihr Einhalt. Der Staat, seine Institutionen und seine Repräsentanten, sie versagen auf ganzer Linie.

Bedauerlich ist, dass offensichtlich niemand den Bundespräsidenten auf Artikel 20 des Grundgesetzes aufmerksam gemacht hat. Hier heißt es in den Absätzen 3 und 4: „Die vollziehende Gewalt und die Rechtsprechung sind an Gesetz und Recht gebunden. Gegen jeden, der es unternimmt, diese Ordnung zu beseitigen, haben alle Deutschen das Recht zum Widerstand, wenn andere Abhilfe nicht möglich ist."

1.8 Die Folgen der Grenzöffnung

Im Jahr 2015 sind einige hunderttausend Migranten illegal nach Deutschland gekommen, im Jahr 2016 ebenfalls. Genaue Zahlen liegen nicht vor, was auch nicht weiter verwunderlich ist, weil nicht alle Menschen aus dem Massenzustrom registriert worden sind. „Wie viele Asylbewerber und Flüchtlinge sich derzeit in Deutschland aufhalten, lässt sich nicht mit Sicherheit sagen", konstatiert die Bundeszentrale für politische Bildung, die versucht, sich auf Zahlen des Bundesamtes für Migration und Flüchtlinge zu stützen.[55]

Im Labyrinth von Statistiken und Zuständigkeiten geht die Übersicht verloren. Das nützt den Regierenden.

Eine Gegenüberstellung der Statistiken des Statistischen Bundesamtes[56] und der Zahlen des Bundesamtes für Migration und Flüchtlinge[57] zeigt, dass selbst ein grober Überblick über die Zahl der Migranten nicht besteht. Beispielsweise zählt das Statistische Bundesamt zum Jahresende 2015 rund 337.000 Syrer. Im Laufe des Jahres 2016 sind laut Bundesamt für Migration und Flüchtlinge rund 120.000 syrische Zuwanderer ins Land gekommen. Am Jahresende 2016 müssten demnach 457.000 Syrer im Land sein (337.000 plus 120.000). Für das Jahresende 2016 veröffentlicht das Statistische Bundesamt jedoch die Zahl von rund 638.000 Syrern in Deutschland. 181.000 Syrer sind plötzlich zusätzlich im Land. Gleiches gilt für Iraker, von denen rund 40.000 Menschen mehr gezählt werden als das Bundesamt für Migration und Flüchtlinge erfasst hat und ebenfalls für afghanische Migranten, die sich um unerklärliche 74.000 Migranten vermehrt haben.

Bundesinnenminister de Maizière benennt die Zahl der im Informationssystem „Easy" Registrierten für das Jahr 2015 noch im Januar 2016 mit 1,1 Millionen Menschen. Im September 2016 reduziert er die Zahl der „Schutzsuchenden", wie er sagt, auf 890.000, weil es Fehl- und Doppelerfassungen gegeben habe. 50.000 Menschen sind zwar registriert, aber verschwunden, vielleicht sind sie weitergereist, vielleicht auch nicht. Die Anpassung der Zahl der Migranten nach unten nützt dem Innenminister, denn die Medien verbreiten schnell, dass die Migrantenzahl für das Jahr 2015 unter einer Million liege. Ob die Zahl richtig ist, weiß niemand.

Für das Jahr 2016 sind im IT-System 320.000 Flüchtlinge erfasst, de Maizière reduziert die Zahl der „Schutzsuchenden" wegen behaupteter Fehlerfassungen später auf 280.000. Zur Einreise berechtigt sind nur einige hundert Migranten pro Jahr: Die Bundespolizei hat 2016 genau 903 „Asylsuchende" festgestellt, die nicht über einen sicheren Dritt- oder Herkunftsstaat nach Deutschland eingereist sind.[58] Nur für diese Menschen wäre Deutschland zuständig, wenn die Vorgaben des Grundgesetzes und die Regelungen des Dublin-Abkommens eingehalten würden. Der Paragraf 18 des Asylgesetzes, der die Verpflichtung enthält, die Einreise für alle anderen Migranten zu verhindern, wird nicht angewendet. Zur Erinnerung sei hier noch einmal der Wortlaut zitiert: „Dem Ausländer ist die Einreise zu verweigern, wenn er aus einem sicheren Drittstaat einreist."

Ein halbes Prozent der Asylsuchenden sind asylberechtigt, aber nahezu alle bleiben im Land.

Der Anteil der Personen, die von allen Asylsuchenden tatsächlich als Asylberechtigte anerkannt werden, beläuft sich in den zweieinhalb Jahren von 2015 bis Mitte 2017 auf 0,5 Prozent.[59] In absoluten Zahlen sind in diesem Zeitraum 6.326 Personen von 1.386.606 Personen als Flüchtlinge nach Art. 16a GG und § 3 Abs.1 AsylG bestätigt worden. Asylberechtigte Familienmitglieder sind in der Zahl der anerkannten Flüchtlinge enthalten. Subsidiären Schutz nach § 4 AsylG, also wenn die Ausländer stichhaltige Gründe für die Annahme vorbringen, dass ihnen im Herkunftsland ein ernsthafter Schaden droht, erhalten in dem betrachteten Zeitraum 225.328 Personen, somit 16,2 Prozent. Schwierig ist dabei zu erkennen, aus welchem Herkunftsland die eingereisten Personen tatsächlich kommen, denn selbst nach einem mehrjährigen unkontrollierten Zugang werden weiterhin alle Personen ins Land gelassen, auch, wenn sie keine Identifikationspapiere haben und auch, wenn sie aus sicheren Drittländern kommen.

Das Bundesamt für Migration und Flüchtlinge schafft es inzwischen (2017), nach anfangs chaotischer Verwaltung, die Asylanträge einigermaßen zügig zu bearbeiten. Die Arbeitsbelastung steigt auch im Bereich der Justiz: Die Verwaltungsgerichte müssen einige hunderttausend Klagen gegen die Entscheidungen des

Bundesamtes verhandeln. Die Klagequote gegen ablehnende Entscheidungen liegt bei etwa 50 Prozent, etwa 10 Prozent der Klagen werden zugunsten der Antragsteller entschieden.[60]

Aber egal, wie der jeweilige Status der Flüchtlinge auch ist, ob anerkannte Asylbewerber, subsidiären Schutz Genießende, Geduldete oder Abzuschiebende: Fast alle bleiben hier, kaum jemand wird tatsächlich abgeschoben oder verlässt das Land freiwillig, selbst wenn der Klageweg nicht erfolgreich gewesen ist. Die Hürden, unberechtigt Zugewanderte wieder los zu werden, sind hoch, aber selbstverschuldet aufgebaut.

Fehlende Identitätspapiere der Asylsuchenden lassen eine Abschiebung ziemlich aussichtslos werden, denn die von den Asylsuchenden angegebenen Herkunftsstaaten nehmen die abzuschiebenden Personen nicht auf, wenn eine Identität vorgetäuscht worden ist. Also werden diese Personen hier geduldet. Wenn nur genügend Zeit verstreicht, erhalten die unter falscher Identität Eingereisten eine befristete Aufenthaltsberechtigung oder später ein unbefristetes Aufenthaltsrecht. Daneben werden Aufenthaltsberechtigungen in Härtefällen vergeben oder für Personen, die gut integriert sind. Allerdings sind genaue Zahlen über die jeweiligen Kategorien nicht zu ermitteln, wie das Bundesinnenministerium auf Anfrage der Zeitung „Die Welt" erklärt.[61]

An dieser Stelle können wir feststellen: Wir wissen nicht wieviele Menschen ins Land gekommen sind und täglich weiterhin kommen, und wir wissen in einigen hunderttausend Fällen nicht, wer gekommen ist und wer weiterhin täglich kommt. Aber gewiss ist, dass fast alle hier bleiben werden, weitgehend staatlich alimentiert.

**

Die Kosten für die Migranten übernimmt der Steuerzahler. Zu ihrer eigenen Versorgung tragen die Migranten nur zu einem sehr geringen Teil bei.

30 oder 40 oder 55 oder noch mehr Milliarden Euro jährlich kosten die Migranten. Genau weiß das niemand. 22 Durchschnittsverdiener kommen für einen Migranten auf.

Rund 777.000 Menschen aus nichteuropäischen Asylherkunftsländern erhalten im Juli 2017 eine Grundsicherung für Arbeitssuchende. Dies bedeutet gegenüber dem Vorjahr eine Steigerung um 431.000 Personen. Die Steigerung ist darauf zurückzuführen, dass immer mehr Personen die „reguläre" Sozialversorgung erhalten und nicht mehr zeitlich begrenzt nach den Regeln des Asylbewerber-Leistungsgesetzes unterhalten werden. Die

Zahl der dauerhaft mit Hartz IV versorgten Flüchtlinge wird weiterhin steigen. Welche Gesamtkosten damit verbunden sind, lässt sich nur schätzen.

Allzu genau soll nicht bekannt werden, welche Kosten auf die deutschen Steuerbürger zukommen. „Die Flüchtlingskosten sind ein deutsches Tabuthema", befindet die „Neue Zürcher Zeitung" und weist darauf hin, dass die Kosten in einem „Labyrinth von Statistiken und Zuständigkeiten" verteilt sind.[62] Auf 30 bis 40 Milliarden Euro jährlich schätzt die Zeitung die Kosten, die sich daraus ergäben, dass der Bund rund 94 Milliarden Euro von 2016 bis 2020 zur Verfügung stellen will, und die Länder darüber klagen, dass damit allenfalls die Hälfte der ihnen entstehenden Kosten erstattet würden. Das Kieler Institut für Wirtschaftsforschung kalkuliert mit etwa 55 Milliarden Euro pro Jahr. Jeder Migrant kostet alleine bei der niedrigsten Schätzung von jährlich 30 Milliarden Euro etwa 2500 Euro pro Monat, entsprechend der Steuerlast von zwölf Durchschnittsverdienern (3000 Euro pro Monat, Steuerklasse III), bei der Schätzung von 55 Milliarden Euro pro Jahr müssen 22 Durchschnittsverdiener für einen Migranten aufkommen. Die Zahlen könnten auch noch höher sein, denn die vielen Langzeitarbeitslosen unter den Migranten sind in den Schätzungen noch nicht enthalten. Nur 13 Prozent der Migranten sind im Jahr 2017 erwerbstätig.

Die Integration der Flüchtlinge in den Sozialstaat ist erfolgreich, stellt die Bundesregierung fest. Das beruhigt.

Die Bundesregierung sieht dennoch eine positive Entwicklung. Die Meldung der Flüchtlinge zur Arbeitslosigkeit „ist ein erster Schritt in einem Integrationsprozess", stellt die Bundesregierung erfreut fest.[63] Da diese Einschätzung auf der amtlichen Webseite der Bundesregierung zu lesen ist, muss angenommen werden, dass der Begriff Integration eine neue Bedeutung hat. Dass die „Integration" der Flüchtlinge in den Sozialstaat erfolgreich ist, lässt sich auch aus zahlreichen Berichten über ihre Inanspruchnahme von Sozialleistungen entnehmen.

So schreibt die „Rhein-Zeitung", ein Syrer sei 2015 mit vier Ehefrauen und 23 Kindern in die Verbandsgemeinde Montabaur eingereist und mache bei der Integration schon Fortschritte, denn es sei gelungen, die Schulpflicht für Mädchen und Jungen zu erläutern und auch durchzusetzen.[64] Zwar habe es manche körperliche Angriffe auf Verwaltungsangestellte durch die halbwüchsigen Söhne gegeben, die verhindern wollten, dass die Mädchen zur Schule gehen, aber nach mehrmaligem Ortswechsel einzelner Familienteile sei es ruhiger geworden. Der Deutsche Arbeitgeberverband veröffentlicht die direkten Kosten dieses Falles für den Steuerzahler: 30.030 Euro bezieht diese Familie in Form von Geld- und Sachleistungen monatlich, ohne dass sie mit eigenen

Anstrengungen zum Broterwerb beiträgt.[65] Ergänzend heißt es dazu, mit Zahlen erläutert, dies entspreche der monatlichen Lohnsteuer von 95 Gesellen im Handwerk. Auf eine Kleine Anfrage des CDU-Abgeordneten Matthias Lammert im Landtag Rheinland-Pfalz, der unter anderem wissen möchte, ob die Familie über einen sicheren Drittstaat eingereist sei, antwortet das Ministerium des Inneren, hierüber lägen keine sicheren Erkenntnisse vor.[66] Die Frage des Abgeordneten zur Höhe der bezahlten Sozialleistungen beantwortet das Ministerium nicht, denn der Beantwortung stünde das Sozialgeheimnis entgegen. Um der Schulpflicht der Kinder zu genügen, eine Pflicht, die bisher von der Familie nicht akzeptiert worden ist, „wurde der Flüchtlingsbetreuer eingebunden" und ein Gespräch mit den Eltern sei terminiert, erläutert das Ministerium für Bildung in Rheinland-Pfalz.[67] Es geht offenbar gut mit der Integration der syrischen Großfamilie voran.

Die „Berliner Zeitung" berichtet über den „Hartz-IV-Bescheid" für eine afghanische siebenköpfige Flüchtlingsfamilie in Höhe von monatlich 4.285 Euro, einem Betrag, der auch die Kosten für die Unterbringung enthält.[68] Die Zeitung weist darauf hin, dass die Familie nicht bevorzugt würde, denn eine vergleichbare deutsche Familie erhielte die gleichen Zahlungen. Allerdings fehlt die Information, dass die afghanische Familie mit dem „35-jährigen Familienvater" die Unterstützung entsprechend Arbeitslosengeld II leistungslos erhält, also ohne jemals sozialversichert gewesen zu sein und damit eigene Beiträge gezahlt oder Steuern abgeführt zu haben.

In einem Strafprozess wegen Mordes an einer 21-jährigen Medizinstudentin gegen einen geständigen afghanischen Flüchtling in Freiburg wird bekannt, dass das Landratsamt und der Jugendhilfeträger an die Pflegefamilie monatlich 2.800 Euro für den Migranten bezahlen. Von diesem Betrag erhält der Migrant 400 Euro Taschengeld.[69] Das Kindergeld für deutsche Kinder beträgt monatlich 192 Euro.

Aus diesen Beispielen, unerheblich, ob sie nun Ausnahmen in besonders gelagerten Fällen sind oder nicht, lässt sich ableiten, welche Probleme daraus resultieren, dass eine Masseneinwanderung in den Sozialstaat erfolgt. Die Idee des Sozialstaats, der im Prinzip eine Genossenschaft mit eindeutig definierten Mitgliedern ist, nämlich den Bürgern eines Nationalstaats, diese Idee wird pervertiert, indem massenweise Leistungsempfänger ins Land gelassen werden. Die Migranten, die mangels ausreichender Qualifikation für den Arbeitsmarkt eines modernen Industrielandes mit komplexen Anforderungen kaum ökonomisch bedeutende Beiträge für das Bruttoinlandsprodukt Deutschlands leisten und leisten werden, bringen das austarierte Gleichgewicht des bisherigen Sozialsystems mit einer bestimmten Anzahl von Leistungserbringern und einer bestimmten Anzahl von Leistungsempfängern ins Wanken.

Die Migranten verhalten sich ökonomisch rational, denn im Zuwanderungsland Deutschland ist ihr Einkommen aus Sozialleistungen im Regelfall deutlich höher als ihr Einkommen aus Arbeit in ihren Herkunftsländern. Es verlockt, im Status der Sozialleistungsempfänger zu bleiben. Leider geht die Einkommensverbesserung der Migranten zu Lasten der Steuer- und Beitragszahler Deutschlands, die sich auf eine „immerwährende" Belastung einstellen müssen. Die Zahl derjenigen, die dieses Problem in der Öffentlichkeit deutlich benennen, ist gering.

Einer der Warner vor den Folgen der Masseneinwanderung in das Sozialsystem ist der Freiburger Wissenschaftler Bernd Raffelhüschen, der erkannt hat, „dass 90 Prozent (der Zuwanderer) später mal in die steuerfinanzierte Grundsicherung bei der Rente fallen werden."[70] Dies ist dadurch begründet, dass selbst bei einer Arbeitstätigkeit die Einkommen der Zugewanderten niedrig und die Ansprüche einer Rentenleistung ebenfalls gering sein werden, da die Qualifikation der Migranten insgesamt gering ist. Zudem können angesichts einer im Vergleich zu einheimischen Arbeitnehmern nur kurzen Zeit der Erwerbstätigkeit keine ausreichenden Versicherungszeiten in der Rentenversicherung erlangt werden.

Eine andere Position vertritt der Daimler-Chef Dieter Zetsche, der im September 2015 auf der Internationalen Automobilmesse in Frankfurt am Main verkündet, die Menschen, die ihre Heimat verlassen hätten, seien mobil, motiviert und könnten die Grundlage für das nächste Wirtschaftswunder werden: „Genau solche Menschen suchen wir bei Mercedes und überall in unserem Land."[71] Ein Jahr später arbeiten bei Daimler neun Migranten, in allen DAX-Unternehmen sind es 54 arbeitende Migranten, fasst die „Zeit" zusammen.[72] Überrascht müsse man über dieses Ergebnis nicht sein, schreibt ein Leser der „Zeit" im Forum: „Hat jemand tatsächlich geglaubt, dass Daimler groß Flüchtlinge einstellt? Oder hat gar jemand geglaubt, dass Zetsche das geglaubt hat?" Die Erwartungen von Bernd Raffelhüschen dürften wohl Realität werden, während die Aussagen von Dieter Zetsche als politisch motiviert zu Gunsten der Bundeskanzlerin eingestuft werden können. Es gibt nicht nur die Feigheit der Regierenden, es gibt auch die Feigheit im Vorstand der Daimler Aktiengesellschaft. Feigheit davor, die Probleme aus der ungesteuerten Masseneinwanderung zu benennen. Zumindest hätte der Automobil-Chef den Mund halten können.

Die unbegrenzte Einwanderung und der Wohlfahrtsstaat schließen einander aus. Die Kanzlerin zeigt sich unbeeindruckt von diesem Zusammenhang.

Massen von Analphabeten einwandern zu lassen, „ist ein Zeugnis von Hybris und Unkenntnis in dramatischem Umfang. Es spricht vieles dafür, daß Merkel mit ihrem Spontanbeschluss, die Schleusen für Migranten zu öffnen, keine „blühenden Landschaften" schaffen wird, sondern daß damit großes Unheil angerichtet wird. Bisher hat sie ja tatsächlich Europa geeinigt - gegen sich", so zieht der Historiker Rolf Peter Sieferle ein vorläufiges Fazit zur Belastung des Sozialsystems in seinem Buch „Das Migrationsproblem" mit dem Untertitel „Über die Unvereinbarkeit von Sozialstaat und Masseneinwanderung".[73] Sozialstaat und offene Grenzen schließen einander aus.

Zu dieser Erkenntnis ist schon der US-Nobelpreisträger für Wirtschaftswissenschaften Milton Friedman gekommen, der in einem Vortrag an der Universität Chicago mit Blick auf die mexikanischen Einwanderer in die USA im Jahr 1980 erklärt: „It is one thing to have free immigration to jobs. It is another thing to have free immigration to welfare. And you cannot have both. If you have a welfare state, if you have a state in which every resident is promised a certain minimal level of income, or a minimum level of subsistence, regardless of whether he works or not, produces it or not. Then it really is an impossible thing." Und weiter sagt Friedman: „It is obvious that you can't have free immigration and a welfare state."[74] Ob diese Überzeugung, dass unbegrenzte Einwanderung und Sozialstaat miteinander unvereinbar sind, bis zur Bundeskanzlerin vorgedrungen ist, bleibt fraglich. Zumindest kann aus ihrem Handeln, oder besser ihrem Untätigsein, nicht abgeleitet werden, dass die Einsicht Friedmans bei ihr einen Eindruck bewirken würde.

Alleine die sozialen und wirtschaftlichen Folgen der ungesteuerten Einwanderung müssten Anlass sein, die Regierung zu einer Umkehr zurück zur Vernunft zu bewegen. Aber davon ist die Bundeskanzlerin weit entfernt. Es ist zu befürchten, dass auch die verschlechterte Sicherheitslage in Deutschland aufgrund der überproportionalen Kriminalitätsrate der Zuwanderer zu keiner Änderung der Zuwanderungspolitik führen wird.

Staatliche Stellen manipulieren heftig die Statistiken über die Kriminalität der Migranten. Die Kreativität, Transparenz zu verhindern, ist groß.

Wie hoch die Zahl der von Migranten verübten Straftaten ist, lässt sich nicht zuverlässig ermitteln. Das liegt an der fortlaufenden Verschleierung der Statistiken indem einzelne Bundesländer keine oder unvollständige Daten an das Bundeskriminalamt melden oder die Erhebungsmethoden geändert werden. So fehlt beispielsweise in der Statistik „Kriminalität im Kontext von Zuwanderung" des Bundeskriminalamtes für das Jahr 2016 der Mordanschlag am Berliner Breitscheidplatz am 19. Dezember 2016 mit 13 ermordeten Menschen, weil die „Erhebungsmodalitäten" dies nicht erlauben.[75] Für das Jahr 2015 sind in der Statistik die „Ereignisse in der Silvesternacht 2015/2016", wie es vernebelnd für die über 1000 Übergriffe von Migranten auf Besucherinnen der

Sylvesterveranstaltung in Köln heißt, ebenfalls nicht ausgewiesen, weil die Ermittlungsverfahren noch nicht abgeschlossen sind.[76]

Asylberechtigte Straftäter werden grundsätzlich nicht gesondert in der Kriminalitätsstatistik ausgewiesen. In Nordrhein-Westfalen, dem bevölkerungsreichsten Bundesland, wird die Herkunft der Straftäter deshalb nicht erfasst, um zu verhindern, dass nationale Minderheiten diskriminiert werden und „Stigmatisierungen" erleiden oder womöglich Vorurteile geschürt werden. „Die Polizei des Landes Nordrhein-Westfalen richtet ihr Handeln und Auftreten entsprechend eines angemessenen Minderheitenschutzes aus", heißt es im Erlass des Innenministeriums.[77] Die Polizeidirektion Kiel ordnet im Oktober 2015 an, dass bei niedrigschwelligen Delikten, wie beispielsweise Diebstahl oder Sachbeschädigung, die von Migranten begangen werden, dann nicht weiter ermittelt werden soll, wenn die Feststellung der Personalien zu aufwendig ist. Ein Strafverfahren wird also nicht eingeleitet und demzufolge die Statistik nicht belastet.[78] In Hamburg antwortet der SPD-geführte Senat (Regierung) auf eine Kleine Anfrage der CDU, wieviele kriminelle Flüchtlinge es gäbe, die Polizeiliche Kriminalstatistik (PKS) sei nicht darauf ausgerichtet, diese Zahlen zu ermitteln, weil unterschiedliche Datenbanken bestünden. „Die Durchsicht von mehreren zehntausend Vorgängen ist in der zur Beantwortung einer Parlamentarischen Anfrage zur Verfügung stehenden Zeit nicht möglich."[79]

Auszunehmen aus der Kategorie ungehemmter Versuche, die Kriminalität von Migranten zu verbergen, ist eine Veröffentlichung der Zürcher Hochschule für Angewandte Wissenschaften, die auf der Basis von Zahlen für das Bundesland Niedersachsen zu dem Ergebnis kommt, dass nach vorhergehendem jahrelangen Sinken der Gewalttätigkeit für die Jahre 2015 und 2016 eine Umkehr der Entwicklung der Gewaltkriminalität festzustellen sei: Sie steigt um 10,4 Prozent.[80] Der Anstieg der Straftaten ist zu 92,1 Prozent Flüchtlingen zuzuordnen, die Zahl der tatverdächtigen Flüchtlinge hat sich zwischen 2014 und 2016 um 241 Prozent erhöht, heißt es im Gutachten.

Es wird jedoch trotz dieser Ausnahme der Veröffentlichung der Zürcher Hochschule aus dem Januar 2018 mit beachtlicher Energie verschleiert, wie hoch die tatsächliche Kriminalität der Zuwanderer ist. Die Zahl der vom Bundeskriminalamt veröffentlichten Straftaten ist also nur eine Teilmenge der tatsächlich von Zuwanderern verübten Straftaten, die bestenfalls Anhaltspunkte für die Entwicklung der Kriminalität aufzeigt. Auf allen Ebenen der öffentlichen Verwaltung und der Polizei wird heftig manipuliert, um das Ausmaß der Kriminalität der Migranten zu verschleiern. In diese Linie passt die Bemerkung des Bundesinnenministers de Maizière auf einer Pressekonferenz nach einer Absage eines Fußballländerspiels gegen die Niederlande in Hannover im November 2015 aufgrund eines vermuteten Terroranschlags. Auf die Frage eines Journalisten, von wem die Hinweise auf einen bevorstehenden Terroranschlag gekommen seien, antwortet der Minister, „die Sicherheit des Landes" wäre gefährdet und Teile der Antwort auf die Frage würden „die Bevölkerung verunsichern", so dass er hierzu keine Informationen geben könne. Von staatlichen Stellen veröffentlichte Zahlen über Migranten-Kriminalität sind, wie diese Hinweise auf Verschleierung und Verschweigen zeigen, ohne Aussagekraft.

Im Jahr 2015 ist laut Bundeskriminalamt die unter den aufgezeigten Einschränkungen ausgewiesene Zahl der durch Zuwanderer begangenen Straftaten gegenüber dem Vorjahr um 91 Prozent gestiegen, im Jahr 2016 noch einmal um 53 Prozent. Für das Jahr 2016 zeigt die Statistik insgesamt 174.438 Fälle auf. Rund ein Drittel der tatverdächtigen Zuwanderer beging mehr als eine Straftat. Straftaten, die nur Ausländer begehen können, wie die unerlaubte Einreise in die Bundesrepublik, werden hier nicht erfasst. Es wird so getan, als sei der illegale Grenzübertritt eine Bagatelle und nicht strafwürdig.

Das Bundeskriminalamt erwartet für die kommenden Jahre eine weitere Zunahme der Straftaten durch Zuwanderer, heißt es in erstaunlicher Offenheit in der Gesamtbewertung 2016 der Kriminalität durch Zuwanderer. Noch im Vorjahr hat das Bundeskriminalamt versucht, in der Gesamtbewertung die Entwicklung der Kriminalität zu beschönigen, indem es erklärt hat, die Gründe für die Zunahme der Kriminalität seien „vielschichtig" und habe als mögliche Ursache die „Unkenntnis der Rechtslage" bei den

Zuwanderern oder liege in ihrer „mangelnden Einbindung in ein soziales Gefüge".

Für das Jahr 2016 erklärt das Bundeskriminalamt lediglich, „die Gründe für die weitere Zunahme von Straftaten begangen durch Zuwanderer (…) dürften unterschiedlich und vielschichtig sein. Um fundierte Aussagen dahingehend treffen zu können, bedarf es umfassender und differenzierter Forschung." Diese Erläuterungen gehören ebenfalls in die Rubrik Vernebelung und Augenwischerei, denn in welchem der Herkunftsländer der Zuwanderer sollten Diebstahl, Raub oder Vergewaltigung nicht strafbar sein und die Täter aus Unkenntnis gehandelt haben?

Am Ende werden die Leser beruhigt, denn es sei festzustellen, dass der weit überwiegende Teil der Zuwanderer keine Straftaten begehe, sagt das Bundeskriminalamt. Offensichtlich haben die Bürger sich mit der Kriminalität der Zuwanderer abzufinden, denn an keiner Stelle der Berichte wird ein Wort darüber verloren, wie die Kriminalität einzudämmen wäre. Es wird jedoch „umfassend und differenziert" geforscht. Dabei könnte dann geklärt werden, warum die Kriminalitätsrate bei den Zuwanderern sieben Mal so hoch ist wie bei den Deutschen, bei Mord zehn Mal so hoch und bei Gruppenvergewaltigungen vierunddreißig Mal so hoch.

Migranten-Kriminalität wird mild geahndet - wenn überhaupt.

Die Strafjustiz tut in den Fällen, in denen eine Straftat von Migranten überhaupt erfasst und zur Anzeige gelangt, ein Übriges, darauf zu verzichten, das Recht durchzusetzen. So werden sogenannte Bagatellfälle, wie einfacher Raub, Ladendiebstahl oder Drogendelikte, begangen von Migranten, im Regelfall nicht weiter strafrechtlich verfolgt. Gewaltkriminalität führt häufig zu erstaunlich milden Strafen, bei denen die Strafe zur Bewährung gestellt wird.

Beispiele hierzu habe ich im Kapitel „Rechtsprechung" aufgeführt (Kapitel 2.6). Lediglich ein Urteil sei an dieser Stelle erwähnt, weil die Urteilsbegründung ein deutliches Schlaglicht auf die Rechtssituation im Land wirft.

Ein serbischer Schleuser, der Migranten über die deutsche Grenze gebracht hat, wird in Passau zu zwei Jahren Haft auf Bewährung verurteilt. Die Begründung des Amtsrichters für dieses milde Urteil lautet: „Angesichts der Zustände an den Grenzen ist die Rechtsordnung von der deutschen Politik ausgesetzt, deshalb wird keine unbedingte Haftstrafe erteilt."[81]

Der Richter in Passau stellt fest, die Rechtsordnung sei von der deutschen Politik außer Kraft gesetzt. Müßte da nicht der Generalbundesanwalt beim Bundesgerichtshof tätig werden, der das

Amt des Staatsanwalts in allen schwerwiegenden Staatsschutz-strafsachen ausübt, die die innere oder äußere Sicherheit der Bundesrepublik Deutschland berühren? Der Generalbundesanwalt heißt seit dem 5. Oktober 2015 Peter Frank. Er ist in dieser Angelegenheit nicht tätig geworden.

Diese wenigen Beispiele mögen ausreichen, um die Einschätzung des Bundesvorsitzenden der Deutschen Polizeigewerkschaft, Rainer Wendt, nachzuvollziehen, der in einem Interview mit der „Wirtschaftswoche" mit Blick auf straffällige Asylsuchende konstatiert: „Eine ernsthafte Strafverfolgung findet meist gar nicht statt."[82]

In Heinsberg aber wird ein 19-jähriger wegen „psychischer Beihilfe zur gefährlichen Körperverletzung", der bei einer Prügelei mit „Flüchtlingen" nicht selber zugeschlagen hat, zu neun Monaten Haft verurteilt - ohne Bewährung. Der Verurteilte „verhielt sich vor Gericht respektlos und trage seine rechtsradikale Weltanschauung offen zur Schau."[83] Der 19-jährige ist eben kein Asylsuchender, sondern deutscher Bürger, der die falsche Weltanschauung hat. Wegen Volksverhetzung wird ein 20-jähriger in Zwickau zu neun Monaten Freiheitsstrafe ohne Bewährung verurteilt, weil er einen Beitrag zur Verschärfung der Situation von Flüchtlingen auf Facebook mit einer rassistischen Fotomontage veröffentlicht habe. Kevin R., der verurteilte Straftäter aus Zwickau, ist ebenfalls Deutscher.[84]

Der ehemalige Präsident des Bundesverfassungsgerichts, Hans-Jürgen Papier, betont im Interview mit der „Welt", dass es ein Legitimationsproblem gäbe, „wenn die Bürger sehen und erfahren, dass geltendes Recht in größerem Umfang nicht durchgesetzt wird." Dann werde „das Vertrauen in die Unverbrüchlichkeit der Rechtsordnung insgesamt erschüttert. Dann besteht die Gefahr, dass die Bürger es für gerechtfertigt halten, ihrerseits Recht nicht mehr beachten zu müssen - eine gefährliche Erosion."[85] Das Recht erodiert nicht nur, wenn von einer Strafverfolgung überhaupt abgesehen wird, sondern auch, wenn Urteile ergehen, die den Bürgern nicht vermittelbar sind.

Auch Udo di Fabio, bis zum Jahr 2011 Richter am Bundesverfassungsgericht, sieht den Rechtsfrieden bedroht. „Wenn der Rechtsfrieden im Land nicht gewährleistet ist, dann wird die Axt an das Fundament der Demokratie gelegt", sagt di Fabio in einem Vortrag im Institut für Gesellschaftswissenschaften Walberberg in Bonn und fährt fort, es gebe keine Alternative zu funktionierenden Rechtsstaaten.[86] Der Rechtsstaat ist tatsächlich alternativlos!

Die Klagewelle von Migranten vor den Verwaltungsgerichten gegen Asylbescheide bringt die Funktionsfähigkeit des Rechtsstaats an seine Grenze, denn die Gerichte sind nicht in der Lage, die Klageflut in angemessener Zeit abzuarbeiten.

Allen Migranten, auch denen, die politisch nicht verfolgt werden, steht Rechtssicherheit in Deutschland zu. Sie können gegen Entscheidungen über ihren Status vor den Verwaltungsgerichten klagen. Aus allen Bundesländern wird berichtet, dass die Zahl der Klagen gegen Entscheidungen im Asylverfahren sich im Jahr 2016 gegenüber dem Vorjahr in etwa verdoppelt und im Jahr 2017 wiederum noch einmal verdoppelt habe. Alleine für das Jahr 2017 rechnet der Bund Deutscher Verwaltungsrichter mit 200.000 Klagen vor den Verwaltungsgerichten.[87]

Zu fragen ist an dieser Stelle, ob eine Verkürzung der Verfahren und eine Einschränkung der Prozesskostenhilfe für die klagenden Migranten die Zahl der in der weit überwiegenden Mehrheit unbegründeten Klagen zurückgehen ließe. Die konsequente Anwendung der Regelungen in der Zivilprozessordnung und der Verwaltungsgerichtsordnung zur Gewährung einer Prozesskostenhilfe (§§ 114 ff. ZPO, § 166 VwGO), die eine Hilfe ausschließen, wenn keine hinreichende Aussicht der Rechtsverfolgung auf Erfolg besteht oder mutwillig erscheint, dürfte dazu führen, dass die Zahl der Klagen deutlich niedriger würde.

Im Jahr 2016 hat das Bundesamt für Migration und Flüchtlinge über 695.000 Asylanträge entschieden, in 172.000 Fällen klagen die Asylantragsteller gegen die Entscheidungen des Bundesamtes (Klagequote 24,8 Prozent).[88] Insgesamt treffen die Verwaltungsgerichte in diesem Jahr 2016 rund 71.000 Entscheidungen, die dazu führen, dass 62 Kläger als asylberechtigt anerkannt werden und 7.424 Kläger unter den Schutz des Asylgesetzes als Flüchtlinge gestellt werden. Rund 160.000 Gerichtsverfahren sind Ende des Jahres 2016 noch offen. Jahr für Jahr wird die Zahl der anhängigen Gerichtsverfahren höher, im Vorjahr lag sie mit 59.000 Fällen noch um rund 100.000 Fälle niedriger.

***

Ein Kontrollverlust des Staates ist nicht nur an den Grenzen des Landes zu konstatieren, sondern auch innerhalb der Bundesrepublik Deutschland.

So teilt das Bundesamt für Migration und Flüchtlinge per September 2017 mit, 89.762 Entscheidungen über Asylanträge hätten sich im laufenden Jahr durch „Sonstige Verfahrenserledigungen" erledigt.[89] Diese Fälle betreffen unter anderem die „Einstellung wegen Nichtbetreibens", eine Kategorie, in der solche Asylanträge als erledigt gekennzeichnet werden, wenn die Antragsteller verschwunden sind. Die Antragsteller können ins Ausland gegangen, in ihre Heimatländer zurückgekehrt oder einfach untergetaucht sein. Nicht erfasst sind diejenigen Migranten, die mit einem Touristenvisum ins Land kommen, aber nicht wieder ausreisen.

Migrationsforscher gehen davon aus, dass sich bereits im Jahr 2014 zwischen 180.000 und 520.000 Menschen ohne Aufenthaltspapiere in Deutschland aufhalten.[90] Diese Rahmeneinschätzung, die anhand mehrerer Annahmen über die Straffälligkeit von gemeldeten und sich unerlaubt in Deutschland aufhaltenden Ausländern getroffen wird, basiert auf Zahlen der Polizeilichen Kriminalstatistik, der einzigen belastbaren statistischen Quelle mit Daten über unerlaubten Aufenthalt.

Für die Folgejahre bis heute kann davon ausgegangen werden, dass infolge des ungehinderten und unregistrierten Zustroms ungezählter Migranten ein deutlicher Anstieg der Zahl derjenigen angenommen werden muss, die sich ohne gültige Papiere ungehindert im Land aufhalten. Die Anzahl unregistrierter Migranten ohne gültige Aufenthaltspapiere dürfte im Jahr 2017 an der Obergrenze der Rahmeneinschätzung von 2014 liegen, also bei etwa einer halben Million. Wir wissen nicht, wo diese Menschen sind und was sie in Deutschland treiben.

1.9 Was ist zu tun?

Um eine Antwort auf die Frage zu finden, was zu tun sei, ist es erforderlich, an dieser Stelle noch einmal auf die singuläre Interpretation der Bundeskanzlerin des Grundgesetzes zurückzukommen. Sie hatte, wie bereits dargestellt, in einem Interview der „Rheinischen Post" erklärt: „Das Grundrecht auf Asyl für politisch Verfolgte kennt keine Obergrenze."[91] Selbst unter der Annahme, dass die Bundeskanzlerin recht hat (anderer Auffassung ist beispielsweise der Staatsrechtler Rupert Scholz, s.o.), ist fest-zustellen, dass die politisch Verfolgten kein Problem bereiten: Deutlich weniger als ein Prozent der ins Land strömenden Migranten fallen unter diesen Asylgrund. Alle anderen aber haben keinen Asylanspruch.

Zuallererst ist es also erforderlich, geltendes Recht in Hinblick auf die Rechtsstellung der Migranten zur Anwendung zu bringen. Um herauszufinden, ob Migranten Schutz nach Art. 16a des Grundgesetzes oder gemäß § 4 Abs. 1 des Asylgesetzes genießen oder aber ein Verbot der Abschiebung gemäß § 60 Abs. 5 u. 7 des Aufenthaltsgesetzes besteht, ist es notwendig, zu wissen, wer ins Land kommt. Diese Kenntnis lässt sich nur gewinnen, wenn die Grenzen gesichert werden. Diejenigen, die ihre Identität nicht klären lassen wollen, indem sie ihre Identifikationspapiere vernichten, sind sofort zurückzuweisen.

Eine Integration der Migranten, die nicht politisch verfolgt werden, ist sinnlos, denn sie müssen nach der Rechtslage ohnehin wieder in ihr Herkunftsland zurückkehren, wenn der Grund für ihre Ausreise aus ihrem Heimatland weggefallen ist. Alle diejenigen, die bisher illegal ins Land gekommen sind, müssen zügig in ihre Heimatländer zurückgebracht werden. Die Rückführung der ausreisepflichtigen Migranten würde gefördert, wenn darauf verzichtet würde, ihnen hier weiterhin finanzielle Leistungen zukommen zu lassen. Der Bundesinnenminister de Maizière macht dazu den Vorschlag, wer kein Bleiberecht in Deutschland habe, soll auch keinen Anspruch auf Leistungen mehr haben."[92] Es bleibt unerklärlich, warum er seinen vernünftigen Vorschlag nicht in die Tat umsetzt.

Die finanziellen Belastungen der Bundesrepublik Deutschland alleine aus dem Asylbewerberleistungsgesetz, die im Jahr 2012 noch bei rund einer Milliarde Euro liegen, haben sich schon im Jahr 2015 auf 5,2 Milliarden Euro verfünffacht. Die Anzahl derjenigen, die von der Bundesagentur für Arbeit eine Grundsicherung erhalten, hat sich innerhalb eines Jahres verdoppelt auf rund 872.000 Fälle im Mai 2017 (Nichteuropäische Asylherkunftsländer).[93] Ein Ende der Steigerungen oder gar ein Rückgang der Leistungen ist nicht abzusehen.

Sicherlich lassen sich auch die Abschieberegelungen verschärfen, allerdings wäre es schon ein erster Schritt, diejenigen abzuschieben, die keinerlei Aufenthaltsrecht in Deutschland haben. Etwa 226.000 Menschen sind Mitte 2017 verpflichtet auszureisen, jedoch verlaufen die Abschiebungen äußerst schleppend. Immer noch kommen mehr Fälle Ausreisepflichtiger hinzu als Abschiebungen erfolgen, so dass die Anzahl derjenigen, die kein Aufenthaltsrecht in Deutschland haben, aber hier bleiben, weiter wächst.

Das ist die Anamnese. Das Staatsversagen ist evident, der Rechtsstaat existiert nicht mehr. Dass die staatlichen Institutionen und ihre Repräsentanten ihr Versagen künftig verhindern wollen, ist nicht erkennbar.

Was also ist angesichts dieser fatalen Situation zu tun?

Erforderlich ist, dass die Bevölkerung in ihrer Mehrheit zu der Erkenntnis gelangt, dass die ungesteuerte und unkontrollierte Asylimmigration kulturfremder, häufig aus archaischen Gesellschaften kommender Menschen, die eigenen kulturellen Grundlagen Deutschlands nachhaltig deutlich verändert. Die Politiker fast aller politischen Ausrichtungen, zumindest diejenigen etablierter Parteien, arbeiten intensiv daran, dass diese Erkenntnis nicht verbreitet wird. Unterstützt werden sie in ihren verhängnisvollen Bemühungen von fast allen Leitmedien des Landes, die kritiklos diese Politik begleiten oder sogar wohlmeinend kommentieren. Gemeinsam arbeiten Politiker und Leitmedien daran, den Bürgern den Geist zu vernebeln, damit ihnen diese gesellschaftlichen Herausforderungen nicht offenbar werden.

Der Weg der Aufklärung ist beschwerlich, denn die Mehrheit der Deutschen wird durch eine kontinuierliche Indoktrination inzwischen nachhaltig infiziert und merkt nicht, welche gesellschaftliche Entwicklung sich anbahnt. Die geschickte Zusammenarbeit von Politik und Leitmedien in der Beeinflussung der Deutschen beim Thema Migration habe ich in Ansätzen bereits angedeutet, eine nähere generelle Analyse der Kumpanei ist einem späteren Kapitel vorbehalten, in dem ich die Medienmacht und ihren Missbrauch untersuche. An dieser Stelle möchte ich lediglich die positive Rolle unabhängiger Journalisten hervorheben, die wesentliche Beiträge, oft in gekonnt pointierter Form, zur Aufklärung leisten und zu Hoffnung Anlass geben.

Als Beispiel wähle ich einen aufklärenden Beitrag des Journalisten Michael Klonovsky, der in seinem Internet-Tagebuch, den „Acta diurna", unter dem Datum des 7. September 2017 einen „Notfall" beschreibt: Der Notfall ist eine Flutkatastrophe, die das Haus des Nachbarn zerstört.[94] Dem Heimgesuchten gibt ein Helfender Obdach, sogar längere Zeit beherbergt und versorgt er den Nachbarn. Der Nachbar möchte noch länger bleiben, mischt sich dann in das Leben des Helfenden ein, verurteilt dessen Sitten, verlangt, dass der Helfende gewisse Speisen nicht essen solle, beansprucht immer mehr Zimmer im Haus, wird aggressiv, weil der Helfende zum falschen Gott betet, fordert, dass er mit gleichen Rechten in den Mietvertrag des Helfenden eingesetzt wird. Der Bürgermeister lässt erklären, dass der neue Mitmieter sich angemessen verhalte und dasselbe Recht habe wie der Helfende. Letzterer müsse allerdings noch die Renovierung des zerstören Hauses des Nachbarn bezahlen.

Den Helfenden charakterisiert Michael Klonovsky zuerst als guten Menschen, anschließend als großzügig, im nächsten Schritt als krankhaft selbstlos, dann als ein bisschen irre und schließlich als komplett wahnsinnig.

Ich ordne diesen Beitrag als aufklärend ein, weil er dazu beitragen kann, die Unmündigkeit der Indoktrinierten aufzuheben und das Bewusstsein zu vermitteln, eigene Interessen zu erkennen. Unabhängiger Journalismus, wie in diesem Blog, aber auch in der „Achse des Guten" oder „Tichys Einblick" veröffentlicht, ist noch rar, aber er gewinnt größeren Raum. Dieser Journalismus gibt Hoffnung.

2. Muslime in Deutschland

2.1 Demographische Entwicklung

Wie hoch die Zahl der Muslime in Deutschland ist, lässt sich nicht ohne weiteres ermitteln. Das Bundesamt für Migration und Flüchtlinge und das Statistische Bundesamt tragen wenig zur Transparenz bei. Vor allem in jüngerer Zeit sind Abweichungen in den Dokumenten der beiden Institutionen festzustellen. Schon eine grobe Analyse der veröffentlichten Zahlen beider Ämter zeigt, dass es - vorsichtig ausgedrückt - erhebliche Ungereimtheiten gibt, die allerdings nicht zufällig entstanden sein dürften.

In sechs Jahren sind trotz Masseneinwanderung kaum Muslime ins Land gekommen, behauptet die amtliche Statistik.

Das Bundesamt für Migration und Flüchtlinge („Willkommen in Deutschland", heißt es sehr einladend auf der Webseite des Amtes) berechnet die Zahl der Muslime zum Ende des Jahres 2015 mit 4,4 Millionen bis 4,7 Millionen. Bei einer Gesamtbevölkerung von 82,2 Millionen sind danach zwischen 5,4 und 5,7 Prozent Muslime. In den letzten vier Jahren vor dem Jahr 2015 sind nach Angaben des Bundesamtes für Migration und Flüchtlinge 1,2 Millionen Menschen muslimischen Glaubens „zugezogen", wodurch, wie die Interessierten nebenbei erfahren, „das muslimische Leben in Deutschland vielfältiger geworden" ist.[95] Im Jahr 2009 aber hat das Bundesamt bereits zwischen 3,8 und 4,3 Millionen Muslime in Deutschland gezählt[96], so dass angenommen werden kann, dass die für 2015 veröffentlichte Zahlen von 4,4 bis 4,7 Millionen Muslimen falsch sind und tatsächlich wesentlich höher sein dürfte.

Im einzelnen sind zahlreiche Veröffentlichungen verschiedener Institutionen verfügbar, die aber allesamt wenig zur Klarheit beitragen. Bei meinem Versuch, ein wenig Transparenz zu vermitteln, ist es unvermeidlich, einige Daten zusammenzutragen und auf Plausibilität zu überprüfen.

Das Statistische Bundesamt zählt bei der Volksbefragung 1987 exakt 1.650.952 Muslime, entsprechend einem Anteil von 2,7 Prozent der damals 61 Millionen Einwohner der Bundesrepublik Deutschland. Das Zentralinstitut Islam Archiv Deutschland Stiftung e.V. schätzt die Zahl der Muslime im Jahr 2005 auf 3,2 Millionen.[97] Die Bundesregierung vermutet ein Jahr später etwa 3,4 Millionen Muslime in Deutschland. (Deutscher Bundestag, Drucksache 16/5033 vom 18. April 2007). Insgesamt sind diese

Zahlen noch plausibel und stimmen in ihrer Größenordnung überein.

Das Statistik-Portal Statista dokumentiert jedoch bereits für das Jahr 2009, ausgehend von Berechnungen des Statistischen Bundesamtes, gut 4,2 Millionen Muslime, also einen Zuwachs um etwa 800.000 Personen in drei Jahren.[98] Wird der Veröffentlichung einer anderen Institution, dem Bundesamt für Migration und Flüchtlinge, Glauben geschenkt, dann hätte sich die Zahl der Muslime trotz der Immigration von rund 1,3 Millionen Muslimen in der Zeit von 2010 bis 2015 nur geringfügig auf 4,4 bis 4,7 Millionen Muslime erhöht. In sechs Jahren wären also so gut wie keine muslimischen Migranten zusätzlich ins Land gekommen, Rückwanderung und Zustrom hätten sich die Waage gehalten. Korrekt wäre jedoch in etwa eine Zahl von gut 5,5 Millionen Muslimen (4,2 Millionen plus 1,3 Millionen) zum Ende des Jahres 2015. Die höhere Reproduktionsrate der Muslime gegenüber der einheimischen Bevölkerung bleibt bei der Schätzung dieser Zahl noch außen vor.

Ein Jahr später, Ende 2016, dürfte die realistische Zahl für Deutschland bei etwa 6 Millionen Muslimen liegen, knapp 26 Millionen Muslime sind es insgesamt in Europa. Die erwartete Entwicklung der Anzahl und des Anteils der Muslime in der deutschen und europäischen Bevölkerung hat das Pew Research Center, Washington, D.C., in einer Studie im November des Jahres 2017 veröffentlicht.[99] Bei ihrer Analyse müssen die Autoren die

Erwartungen einer früheren Untersuchung deutlich korrigieren, die zu dem Ergebnis geführt hat, im gesamten Zeitraum zwischen 2010 und 2015 würden etwa 470.000 Muslime aus dem Mittleren Osten und Nordafrika nach ganz Europa einwandern.[100] Allein für Deutschland kommen im Jahr 2015 fast eine Million Migranten ins Land, weit überwiegend Muslime (86 Prozent laut Pew).

Nach den Ergebnissen der neueren Studie aus dem Jahr 2017 liegt der Anteil der Muslime an der Bevölkerung Europas Mitte 2016 bei knapp 5 Prozent, mit großen Abweichungen in der Verteilung auf die einzelnen Länder. Während der muslimische Bevölkerungsanteil in den östlichen Ländern Europas im Regelfall unter einem Prozent liegt (beispielsweise Polen 0,1 Prozent, Tschechien 0,2 Prozent, Ungarn 0,4 Prozent, Rumänien 0,4 Prozent), lebt in den meisten westlichen Ländern Europas ein wesentlich höherer Anteil Muslime (beispielsweise Frankreich 8,8 Prozent, Schweden 8,1 Prozent, Niederlande 7,1 Prozent, Vereinigtes Königreich 6,3 Prozent, Deutschland 6,1 Prozent). Es kann jedoch angenommen werden, dass der Anteil der Muslime in Deutschland tatsächlich höher ist, denn das Pew stützt sich unter anderem auf Angaben des Bundesamtes für Migration und Flüchtlinge, der Institution, die angibt, im Zeitraum 2009 bis 2015 wären kaum Muslime nach Deutschland gekommen.

Der Anteil der Muslime in der Bevölkerung wird sich stark erhöhen. Diese Entwicklung lässt sich nicht umkehren.

Selbst wenn die unrealistische Annahme getroffen wird, eine Zuwanderung von Muslimen nach Europa würde sofort und auf Dauer gestoppt, wird sich der Anteil der Muslime in den nächsten dreißig Jahren von jetzt 5 Prozent auf 7,5 Prozent erhöhen (absolut 36 Millionen), weil Muslime eine höhere Geburtsrate haben als die einheimische Bevölkerung. Eine „reguläre" Einwanderung ohne Asylsuchende, die ebenso unwahrscheinlich ist, da dann nur Studierende und Arbeitskräfte kämen, würde den Anteil der Muslime auf 11 Prozent erhöhen (absolut 58 Millionen), die Annahme einer fortgesetzten Immigration, wie sie bis Mitte 2016 stattgefunden hat, führt zu einer erwarteten Verdreifachung des Anteils der Muslime gegenüber heute (absolut 76 Millionen).

Für Deutschland erwartet das Pew Research Center unter dem Szenario eines sofortigen, dauerhaften Stopps muslimischer Einwanderung in dreißig Jahren rund 6 Millionen Muslime (8,7 Prozent), unter dem Szenario einer moderaten Zuwanderung 8,5 Millionen Muslime (10,8 Prozent) und unter der Annahme einer fortgesetzten Immigration, wie sie bis zum Jahr 2016 stattfand, mehr als 17 Millionen Muslime mit einem Anteil an der Bevölkerung von etwa 20 Prozent. „Dramatisch" nennen die Autoren des Pew Research Center den Anstieg der muslimischen Bevölkerung in

Deutschland unter dem mittleren und besonders unter dem letzteren Szenario (S. 31). In Deutschland würde die weitaus höchste Zahl von Muslimen Europas leben.

Alle vom Pew Research Center veröffentlichten Zahlen basieren auf den Daten legal eingereister und registrierter Muslime und unterliegen der Annahme, dass Muslime, die kein Aufenthaltsrecht im Land haben, in ihre Heimatländer zurückkehren. Diese Annahme ist für Deutschland illusorisch, da so gut wie keine Migranten das Land verlassen müssen, egal, wie die Rechtslage ist. Auch die Vermutung des Pew Research Centers, die Geburtenrate der muslimischen Frauen in Deutschland läge in Zukunft bei 1,9 Kindern je Frau, dürfte kaum die Realität widerspiegeln, da laut Pew-Institut die mittlere Geburtenrate muslimischer Frauen in Europa derzeit bei 2,9 Kindern liegt. In der älteren Untersuchung aus dem Jahr 2015 hat das Institut die Geburtenrate muslimischer Frauen in Europa noch mit 2,1 Kindern angegeben. Jetzt wird also aktuell eine deutlich höhere Geburtenrate ausgewiesen. Die Vermutung der Autoren der Pew-Studie, die Geburtenrate muslimischer Frauen würde um ein Kind je Frau auf 1,9 Kinder je Frau sinken, wird mit der erwarteten Anpassung der muslimischen Gesellschaft an die einheimische Gesellschaft begründet, sie vernachlässigt aber, dass die muslimische Gesellschaft in großen Teilen unter sich bleibt und sich dadurch, auch im Hinblick auf die Geburtenrate, gerade nicht assimiliert.

Unabhängig von der tatsächlichen Geburtenrate wird die muslimische Bevölkerung auch deshalb schneller wachsen als die einheimische Bevölkerung, weil das mittlere Alter der Muslime niedriger ist als dasjenige der Einheimischen (31 Jahre gegenüber 47 Jahre) und der Anteil der Frauen im gebärfähigen Alter entsprechend höher liegt. Unbeachtet bleibt in der Studie auch, welche Auswirkungen ein Familiennachzug von Migranten hätte, der die Zahl der Muslime zusätzlich erhöhen wird.

Die Basiszahlen aus dem Jahr 2016 sind also eher zu niedrig gewählt und führen daher, egal, welches Szenario den Erwartungen zugrunde gelegt wird, zu der Darstellung einer flacheren prognostizierten Entwicklung der muslimischen Bevölkerungszahl, als realisticherweise angenommen werden muss. Die Einschätzung der Autoren der Studie, für Deutschland sei die Lage „dramatisch", dürfte aber in jedem Fall angemessen sein.

Das sehen Befürworter einer weiteren Immigration von Muslimen anders. Als Beispiel für eine Stimme der Apologeten weiterer muslimischer Zuwanderung können die Äußerungen der Islamwissenschaftlerin Riem Spielhaus herangezogen werden, die sich unmittelbar nach der Veröffentlichung der Pew-Studie sich zu Wort meldet.[101]

Die Wissenschaftlerin hält die Prognosen für „verantwortungslos, als damit islamfeindliche Diskurse angeheizt werden." Die Wissenschaftler der Studie hätten wissen müssen, dass ihre Prognosen Schlagzeilen machen. Auch hätten sie nicht dargestellt, dass Muslime auch in ihr Heimatland zurückkehren oder weiter emigrieren könnten. Im übrigen sei zu kritisieren, dass das Pew-Institut nur die Entwicklung der Zahl der Muslime prognostiziert, nicht aber diejenigen Zahlen anderer Glaubensrichtungen. Auch sorgt sich die Wissenschaftlerin darum, ob künftig in Großstädten „ausreichend Platz für Beerdigungen nach islamischem Ritus" oder ob es künftig genügend Lehrkräfte für den islamischen Religionsunterricht gäbe. Den Bürgern bereite es darüber hinaus größere Sorgen, dass eine rechtspopulistische Partei (gemeint ist die AfD) in den Bundestag gewählt worden sei, „als die Frage, wie viele Muslime in 30 Jahren hier leben werden."

Es steht zu vermuten, dass die Wissenschaftlerin die Sorgen der deutschen Bevölkerung nicht richtig einschätzt. Wieviele Muslime in Deutschland leben werden, ist durchaus von fundamentaler Bedeutung für die Bürger.

Die Bedeutung ist auch deshalb gegeben, weil die Bevölkerungsentwicklung in den muslimischen Ländern dramatisch hoch ist. Dreißig bis vierzig Jahre hat es gedauert, dass die Einwohnerzahlen der Länder, aus denen die meisten Migranten nach Deutschland kommen, auf das Doppelte angestiegen sind. So hat sich beispielsweise die Bevölkerung in Syrien, einem der Hauptherkunftsländer der Migranten in Deutschland, in den letzten dreißig Jahren nahezu verdoppelt (aktuell 18,2 Millionen Einwohner), die Einwohnerzahl der Türkei hat sich ebenfalls in den letzten 35 Jahren auf nunmehr 80 Millionen Menschen verdoppelt. Der Bevölkerungsdruck innerhalb der Länder steigt, mit der Folge, dass immer mehr Menschen versuchen werden, ihre Länder zu verlassen.

Bereits am 10. April 1974 hat der algerische Staatspräsident Houari Boumedienne, bewußt in arabischer Sprache und nicht auf Französisch, das er perfekt beherrscht, vor der UN-Vollversammlung angekündigt, was auf die Staaten der nördlichen Hemisphäre zukommen wird: „Eines Tages werden Millionen Menschen die südliche Hemisphäre verlassen, um sich in der nördlichen Hemisphäre niederzulassen. Und gewiss nicht als Freunde. Denn sie werden als Eroberer kommen. Und sie werden sie erobern, indem sie sie mit ihren Kindern bevölkern. Der Bauch unserer Frauen wird uns den Sieg schenken." Boumedienne kündigt die Invasion an, die inzwischen seit Jahrzehnten stattfindet, heute mit verstärkter Vehemenz. Deutschland ist das bevorzugte Ziel der Eroberer.

Die öffentliche und veröffentlichte Gelassenheit der Eroberten gibt Anlass zur Besorgnis.

2.2 Religion und Gesellschaft

Im Jahr 2013 hat das Pew Research Center versucht, in rund 38.000 Interviews die religiösen und gesellschaftlichen Vorstellungen von Muslimen in der Welt zu erfassen und in einer Studie darzustellen.[102]

Die Mehrheit derjenigen Muslime, die für die Einführung der Scharia anstelle staatlicher Gesetze eintreten, ist überwältigend.

Die überwiegende Zahl der Muslime tritt nach dem Ergebnis dieser Studie dafür ein, dass die Scharia offizielles Gesetz ihres Landes wird. In Afghanistan, dem Herkunftsland zahlreicher Migranten, wünschen sich 99 Prozent der Befragten die Scharia als Gesetz, im Irak sind es 91 Prozent und in Marokko 83 Prozent. Selbst in Ländern, in denen Muslime in der Minderheit der Bevölkerung bleiben (beispielsweise Kenia, Liberia oder Ghana), tritt die Mehrheit der Muslime für die Scharia ein. Mit auffallend niedriger Quote sprechen sich die Muslime in der Türkei für die Einführung der Scharia als staatliches Gesetz aus (12 Prozent), mit einem Ergebnis, das seine Begründung in der jahrzehntelangen Entwicklung der Türkei hin zu einem säkularen Staat finden dürfte. Nach der Rückwendung zu einer verstärkten Islamisierung des Landes in den dieser Befragung folgenden Jahren würde, so ist anzunehmen, ein höherer Anteil Befragter für die Einführung der Scharia stimmen.

Die Ergebnisse der Befragung derjenigen Muslime, die sich für die Einführung der Scharia als Basis staatlichen Handelns ausgesprochen haben, zeigen bei Einzelthemen ein konsequentes Bild. So sprechen sich 85 Prozent der Muslime Afghanistans für die Steinigung als Strafe für Ehebruch aus (Palästinensisches Territorium 84 Prozent, Ägypten 81 Prozent, Türkei 29 Prozent). Die Hand solle Dieben und Räubern als Strafe abgeschlagen werden, meinen ähnliche Anteile der muslimischen Bevölkerung (Afghanistan 81 Prozent, Palästinensisches Territorium 76 Prozent, Ägypten 70 Prozent, Türkei 35 Prozent).

Eindeutige Mehrheiten sprechen sich weltweit dafür aus, dass die Frau ihrem Mann immer gehorchen müsse (Afghanistan 94 Prozent, Palästinensisches Territorium 87 Prozent, Ägypten 85 Prozent, Türkei 65 Prozent). Ebenfalls wünschen sich Mehrheiten einen größeren politischen Einfluss religiöser Führer auf staatliches Handeln.

Nur sehr wenige Muslime zählen Nicht-Muslime zu ihren Freunden. Nahezu einhellig sagen die befragten Muslime aus allen Teilen der Welt, sie hätten keine freundschaftlichen Beziehungen zu Nicht-Muslimen (Tunesien 100 Prozent, Marokko 98 Prozent, Irak 97 Prozent). Selbst in den Ländern, in denen Nicht-Muslime wesentliche Anteile der Bevölkerung bilden, bleiben die Muslime unter sich. So sagen 94 Prozent der Muslime im Libanon, dem Land, in dem 40 Prozent Nicht-Muslime leben, sie hätten Freunde nur unter Muslimen. In Russland, mit einem Anteil von 90 Prozent Nicht-Muslimen, erklären 78 Prozent der Muslime, dass sie Freunde nur unter solchen Menschen hätten, die ihren Glauben teilen.

Auch wenn nicht nach Freundschaften, sondern nur nach Zusammenkünften mit Andersgläubigen gefragt wird, zeigen sich weitgehend übereinstimmende Ansichten unter den Muslimen. So liegt der Anteil derjenigen Muslime, die Zusammenkünfte mit Andersgläubigen befürworten, regelmäßig weit unter 10 Prozent (Ägypten 4 Prozent, Türkei 4 Prozent, Tunesien 5 Prozent, Libanon 6 Prozent, Irak 5 Prozent). Eine Ausnahme bilden Muslime in Ländern südlich der Sahara, die zu etwa einem Drittel bis zur Hälfte sich für solche Zusammenkünfte aussprechen.

Die Einzelergebnisse der Befragungen sind sicherlich in Teilen durch Ungenauigkeiten und Verzerrungen geprägt, weil es für das Pew-Institut Schwierigkeiten gegeben hat, mathematisch einwandfreie repräsentative Stichproben zu ziehen. Beispielsweise ist in manchen Ländern die Datenbasis über die Bevölkerung nicht solide oder bestimmte Fragen, insbesondere zur Sexualität, können nicht überall gestellt werden. Aus dem Gesamtbild jedoch lässt sich ableiten, dass die muslimische Gesellschaft eine geschlossene Gesellschaft ist und bleiben möchte.

Daher sind die Aussagen und Erwartungen, die immer wieder in gut klingenden Reden vieler Politiker und der Repräsentanten von Interessenverbänden geäußert werden, die nach Deutschland immigrierten Muslime könnten hier integriert werden, allenfalls

Absichtserklärungen. Realistisch betrachtet, sind diese Reden eine unverantwortliche Schönfärberei. Sie blenden die tatsächliche Prägung der muslimischen Gesellschaft aus.

2.3 Integration

Glaubt man einer Studie der Bertelsmann-Stiftung vom August 2017, dann gibt es kaum Probleme im Zusammenleben von Muslimen und Nichtmuslimen in Deutschland.[103]

Laut der Studie verläuft die Integration der hier lebenden Muslime „besonders erfolgreich", denn die Erwerbsbeteiligung von Muslimen unterscheide sich nicht mehr vom Bundesdurchschnitt der deutschen Erwerbsbevölkerung: „Rund 60 Prozent arbeiten in Vollzeit, 20 Prozent in Teilzeit, und die Arbeitslosenquote gleicht sich ebenfalls an." Der Islam gehöre längst zu Europa und spiegele die traditionelle Vielfalt des Kontinents. Einzig die Aufnahmegesellschaft verstehe die unterschiedlichen Formen praktizierter Religiosität nicht, und Rechtspopulisten instrumentalisierten Ängste der Bevölkerung (S. 7). Die Muslime jedoch haben kein Problem mit dem Land, in dem sie leben: 96 Prozent der Muslime fühlen sich mit ihrem Aufnahmeland „verbunden" (S. 33). Derartige Erfolgsmeldungen verbreitet die Bertelsmann-Studie auf 70 Seiten.

Ein genauerer Blick auf die Studie zeigt, wie wenig belastbar die Ergebnisse sind. So berücksichtigt die Erhebung nur Personen, die bis zum Jahr 2010 zugewandert sind. Die später immigrierten Personen, insbesondere diejenigen der Jahre 2015 ff., sind nicht erfasst, denn dann hätte mit aktuellen Zahlen der Bundesagentur für Arbeit gezeigt werden müssen, dass der Anteil der arbeitslosen Personen mit Migrationshintergrund mit 43 Prozent überproportional hoch ist.

Nicht Einwanderer gehören in die Integrationskurse, sondern Deutsche.

Die angeblich gemessene „Verbundenheit" mit Deutschland besagt überhaupt nichts, denn die befragten Muslime haben sich nicht zu ihrer Einstellung zur Gesellschafts- und Verfassungsordnung äußern sollen, und ihre Einstellung zur Gleichberechtigung von Frauen ist auch kein Thema der Studie. Von vornherein haben die Autoren der Studie mit ihrer sehr speziellen Definition von Integration, die „nicht die Assimilation an eine wie auch immer geartete Leitkultur" sei, verhindert, Probleme der Integration zu benennen. Die „Neue Zürcher Zeitung" schreibt dazu: „Das konsequente Fazit müsste lauten, nicht Einwanderer in Integrationskurse zu schicken, sondern Deutsche."[104]

Die Ergebnisse dieser Studie entsprechen voll den Zielen der Bertelsmann-Stiftung: „Die Stiftung kooperiert eng mit den relevanten Entscheidungsträgern in Politik, Wirtschaft und Gesellschaft", heißt es im Transparenz-Register der Europäischen Union.[105] Die enge Verbindung von Angela Merkel und Liz Mohn, Vorstandsmitglied der Bertelsmann-Stiftung und Ehefrau des 2009 verstorbenen Bertelsmann-Eigentümers Reinhard Mohn, dürfte, so steht zu vermuten, nicht nachteilig für die positiven Erkenntnisse gewesen sein. „Diese Verflechtung von Medienmacht (…), politischer Protektion und persönlichen Verbindungen (…) erklärt auch, weshalb es kaum kritische Stimmen zum Gebaren der Gütersloher Stiftung gibt", schreibt Alexander Grau im „Cicero".[106]

Die tatsächliche Lage der Integration der Muslime ist besorgniserregend. Die Beauftragte der Bundesregierung für Migration, Flüchtlinge und Integration, Aydan Özoguz, SPD, hat jedoch eine einfache Lösung für die Integration, die nicht stattfinden müsse, „denn eine spezifisch deutsche Kultur ist, jenseits der Sprache, schlicht nicht identifizierbar", sondern „Einwanderung und Vielfalt" hätten die Geschichte geprägt, schreibt die Integrationsbeauftragte unter der Überschrift „Leitkultur verkommt zum Klischee des Deutschseins" im Mai 2017 im „Tagesspiegel".[107] Weiterhin stellt die Beauftragte für Integration fest, Einwanderern könne man „keine Anpassung an eine vermeintlich tradierte Mehrheitskultur per se verordnen."

Schon zwei Jahre zuvor, am 21. September 2015, lässt die Integrationsbeauftragte Özoguz auf der Webseite der Bundesregierung die Öffentlichkeit wissen: „Unsere Gesellschaft wird weiter vielfältiger werden, das wird auch anstrengend, mitunter schmerzhaft sein. Unser Zusammenleben muss täglich neu ausgehandelt werden. (...) Es wird Zeit, dass sich unser Selbstbild den Realitäten anpasst." Im übrigen erwarte uns eine „Vervielfältigung von Vielfalt".[108]

Es ist unfassbar. Hunderttausende Migranten kommen Jahr für Jahr ins Land und die Deutschen müssen mit ihnen täglich neu verhandeln und sich in ihrem Selbstbild den Realitäten fremder Kulturen anpassen, erklärt uns die Integrationsbeauftragte der Bundesregierung. Es wäre zu erwarten, wenn die Bundeskanzlerin ihre Aufgaben nur im Ansatz erfüllen würde, dass sie die Integrationsbeauftragte der Bundesregierung sofort entlässt, da die Integrationsbeauftragte die Zielrichtung der Integration offenbar völlig missverstanden hat. Nicht die Einwanderer sollen sich integrieren, wie es als Hauptaufgabe der Beauftragten der Bundesregierung für Migration, Flüchtlinge und Integration, Staatsministerin Aydan Özoguz, für ihr Amt beschrieben ist, sondern stattdessen sollen die Deutschen mit ihnen verhandeln.

Der demokratische Staat genießt bei Muslimen nur geringes Ansehen. Religion ist wichtiger als Demokratie.

Wie weit türkischstämmige Migranten, von denen viele bereits in zweiter oder dritter Generation in Deutschland leben, von einer Integration entfernt sind, zeigt eine Studie der Westfälischen Wilhelms-Universität Münster aus dem Jahr 2016 zur „Integration und Religion aus der Sicht von Türkischstämmigen in Deutschland".[109] Nach dem Ergebnis dieser Studie bestätigt fast die Hälfte der befragten Türkischstämmigen (47 Prozent), die Befolgung der Gebote ihrer Religion sei für sie wichtiger als die Gesetze des Staates in dem sie leben. Fast ein Drittel (32 Prozent) meint, die Muslime sollten die Rückkehr zu einer Gesellschaftsordnung wie zu Zeiten des Propheten Mohammed anstreben, und 36 Prozent stimmen der Aussage zu, nur der Islam sei in der Lage, die Probleme unserer Zeit zu lösen. Die Hälfte aller Befragten ist der Meinung, es gäbe nur eine wahre Religion, den Islam.

Hinzuweisen ist an dieser Stelle noch einmal darauf, dass die Befragten aus einem im Vergleich zu anderen muslimischen Ländern vergleichsweise säkularen Staat kommen.

Wie sehr die Meinungen der Mehrheitsbevölkerung von denen der Türkischstämmigen abweichen, zeigen die Befragungen zu den „Assoziationen zum Islam". 57 Prozent der Türkischstämmigen meinen, der Islam achte die Menschenrechte (Gesamtbevölkerung: 6 Prozent), 65 Prozent der Türkischstämmigen halten den Islam für friedfertig (Gesamtbevölkerung: 7 Prozent), nur 20 Prozent der Türkischstämmigen erkennen eine Benachteiligung der Frau im Islam (Gesamtbevölkerung: 82 Prozent). Eine deutliche Mehrheit der deutschen Bevölkerung schreibt dem Islam eher negative Eigenschaften wie Fanatismus, Gewalttätigkeit oder Benachteiligung der Frau zu, heißt das Fazit der Studie der Universität Münster, die Türkeistämmigen dagegen assoziieren den Islam mit positiven Eigenschaften wie Friedfertigkeit, Toleranz, Achtung der Menschenrechte. Die Mehrheit der Türkeistämmigen habe den Eindruck, dass der Islam falsch wahrgenommen wird.

Schon im Jahr 2007 kommt die vom Bundesministerium des Inneren herausgegebene Studie mit dem Titel „Muslime in Deutschland" zu dem Ergebnis, dass eine große Mehrheit unter den Muslimen weit entfernt davon ist, eine demokratische Gesellschaft mit einem funktionierenden Rechtsstaat als verbindlich anzuerkennen.[110] Im Fazit der Studie, unterzeichnet vom Bundesminister des Inneren, Wolfgang Schäuble, heißt es, dass „mangelhafte sprachlich-soziale Integration, Bildungsferne und die einseitige Ausrichtung auf nicht-deutsche Medien sowie der Rückzug in ethnisch-religiös geschlossene Milieus (sich) in erheblichem Maße integrationshemmend" auswirken. Und weiter nennt der Minister das „besorgniserregende Ergebnis, dass sich in

Deutschland ein ernstzunehmendes islamistisches Radikalisierungspotential entwickelt hat."

Die Befürchtungen des Ministers sind in den Zahlen begründet, die zum Beispiel erleuchten, dass zwei Drittel der befragten Muslime den Islam als einzig wahre Religion ansehen (53,4 Prozent: stimme völlig zu; 12,2, Prozent: stimme eher zu) oder mehr als die Hälfte von ihnen erwartet, dass der Islam sich in der ganzen Welt durchsetzen wird (27,2 Prozent: stimme völlig zu, 23,4 Prozent: stimme eher zu). Die westlichen Gesellschaften sind aus Sicht der Muslime abzuwerten, denn die Moral ist nicht gesichert (56 Prozent), besonders mit der Sexualmoral liegt es im Argen (71 Prozent). Der demokratische Staat genießt nur geringes Ansehen, denn 46,7 Prozent der Befragten meinen, dass die Befolgung ihrer Religion wichtiger ist die Demokratie.

Gut 40 Prozent der Befragten lassen sich als „fundamental orientierte" Muslime einordnen (rigide Befolgung der Ge- und Verbote eines historisch invarianten Islam), 20 Prozent als „orthodox-religiöse" Muslime (strenge Orientierung an religiösen Ge- und Verboten, Glaube an die in den heiligen Schriften dargelegten Prinzipien und Voraussagen) und 22 Prozent als „traditionell-konservative" Muslime (hohe Zustimmung zur Befolgung der religiösen Ge- und Verbote, deutliche Abwertung des Westens als unmoralische Gesellschaft). Lediglich knapp 19 Prozent sind mit dem Islam nur lose verbunden. (Rundungsdifferenzen).

Weit überwiegend (zwei Drittel) stehen die befragen Muslime der Demokratie fern. „Demokratiedistanz" nennen die Forscher diese Überzeugung. Daher verwundert es nicht, dass jeweils deutliche Mehrheiten sich dafür aussprechen, der Staat solle Zeitungen und Fernsehen kontrollieren, um Moral und Ordnung sicher zu stellen oder die Prügel- oder Todesstrafe solle bei bestimmten Straftaten angewendet werden.

Insgesamt sind die Erkenntnisse der auf 500 Druckseiten ausgelegten Studie des Innenministeriums äußerst beunruhigend, denn die Gewaltbereitschaft der Muslime ist signifikant höher als bei Einheimischen oder nichtmuslimischen Migranten, eine Gewaltbereitschaft, die umso höher ausgeprägt ist, je größer die Demokratiedistanz ist. Mehr als die Hälfte der jungen Muslime meint, dass diejenigen, die im Kampf für den Glauben sterben, ins Paradies kommen, und ein Viertel der Jugendlichen hält Gewalt für legitim, wenn es um die Verbreitung des Islam geht.

Toleranz der Mehrheit führt dazu, dass sich die intolerante Minderheit durchsetzt. Der Intoleranteste gewinnt.

Das Zusammenleben von Menschen mit islamischem Hintergrund mit Deutschstämmigen wird erschwert, weil es unter den Zugewanderten eine erhebliche Zahl von Fundamentalisten gibt, die gerade nicht geneigt sind, Toleranz gegenüber Deutschstämmigen wahren zu lassen.

In einem noch unveröffentlichten Buch aus dem Jahr 2016 beschreibt der Autor Nassim Nicholas Taleb, wie unbeugsame Minderheiten am Ende eines Entwicklungsprozesses die tolerante Mehrheit kujonieren. Das Buch heißt „Skin in the game" (deutsch etwa: „Eigeninteresse"), ein besonders eindrucksvolles Kapitel aus diesem Buch ist überschrieben „The Most Intolerant Wins: The Dominance of the Stubborn Minority" (etwa: „Der Intoleranteste gewinnt: Die Dominanz der entschlossenen Minderheit"). Taleb spricht sich dafür aus, intoleranten Minderheiten intolerant zu begegnen, denn die tolerante Mehrheitsgesellschaft würde anderenfalls Selbstmord begehen.

Ein Beispiel Talebs für eine kaum auffällige Intoleranz ist seine Beschreibung einer Familie mit zwei Kindern, von denen eines nur noch vegane Mahlzeiten akzeptiert. Die ganze Familie stellt daraufhin ihren Speiseplan entsprechend um, damit beim Essen kein Streit entstehe. Wird die Familie zu einem Barbecue eingeladen, dann akzeptieren die toleranten Gastgeber die veganen Ernährungsgewohnheiten der Gäste und halten für diese Familie und alle anderen Gäste nur vegane Speisen bereit. Der örtliche Supermarkt stellt sich mehr und mehr auf vegane Lebensmittel um, denn die Umsätze dieser veganen Angebote steigen kontinuierlich. Bald ernähren sich alle Menschen im Ort nur noch vegan.

Ähnliches beobachtet Taleb bei Konferenzen in Deutschland („in a Teutonic-looking conference room"). Wenn alle Teilnehmer der Konferenz die deutsche Sprache beherrschen, wird auf der Konferenz Deutsch gesprochen. Wenn auch nur ein einziger Teilnehmer Deutsch nicht beherrscht, findet das Treffen in englischer Sprache statt, auch wenn es nur ein holperiges Englisch ist, wie es inzwischen in allen internationalen Konzernen gesprochen wird. Ein Teilnehmer, in dem beschriebenen Fall die kleinste Minderheit, dominiert, die Toleranten richten sich nach ihm, anstatt zu verlangen, dass er sich anpasse.

Talebs Beispiele, so simpel sie scheinen mögen, führen zu der grundsätzlichen Frage, ob eine tolerante Gesellschaft der Intoleranz gegenüber intolerant sein soll. Die Antwort lautet: Ja, denn eine intolerante Minorität kann die Demokratie zerstören. Wir müssen einigen intoleranten Minderheiten gegenüber sogar mehr als intolerant sein, denn sie zerstören unsere Werte. „Der Westen ist gegenwärtig dabei, Selbstmord zu begehen", zieht Nassim Nicholas Taleb, der in den USA lebende Libanese, das Fazit.

Eine radikale Minderheit unter Muslimen reicht aus, Veränderungen bei der Mehrheit in gewolltem Sinn zu erreichen. Wenn die Minderheit es für geboten hält, dass Frauen Kopftücher tragen, werden nach und nach alle Frauen ihren Kopf mit Tüchern verhüllen, denn wenn es Belästigungen derjenigen gibt, die noch unverhüllt auf die Straße gehen, werden diese sich bald an die Vorschriften der Radikalen anpassen, um den Belästigungen zu entgehen. Wenn Nicht-Muslimen, die leicht erkennbar sind, in bestimmten Gegenden der Städte Gewalt droht, werden sie diese Gegenden meiden, so dass am Ende gewaltbereite Muslime ganze Stadtviertel beherrschen.

2.4 Antisemitismus

Antisemitismus ist zu verurteilen, das ist Konsens. Konsens ist auch, Muslime nicht mit Antisemitismus in Verbindung zu bringen.

Der Antisemitismus, so heißt es regelmäßig am 27. Januar eines Jahres, dem Tag des Gedenkens an die Opfer des Nationalsozialismus, darf auf deutschem Boden keinen Platz haben. „Wehret den Anfängen" oder „Nie wieder" lauten die Schlagworte in Reden und Schriften, im Bundestag und in Medien. Folgenlos bleiben diese Äußerungen, solange nicht gesagt wird, dass der Antisemitismus in Deutschland durch massenhafte Zuwanderung von Antisemiten neu belebt wird.

Ein häufiges Tabu bei Untersuchungen über die Verfassung der muslimischen Gesellschaft in Deutschland ist der manifeste Antisemitismus zahlreicher Muslime, der allenfalls in besonders extremen Fällen größere, allerdings auch nur kurze, Aufmerksamkeit in den Medien erhält.

Einer dieser Fälle ist die Verbrennung israelischer Fahnen im Dezember 2017. Aufgebrachte Muslime verbrennen die Fahnen vor dem Brandenburger Tor in Berlin. Allerdings zögern manche Medien mit einer Veröffentlichung der skandalösen Proteste. So dauert es zwei Tage, bis die „Tagesschau" diesen Ausbruch des Antisemitismus als berichtenswert erachtet. Der Bundesjustizminister Heiko Maas (SPD) verbreitet verspätet eine pomadige Erklärung („Jede Form von Antisemitismus ist ein Angriff auf uns alle. Antisemitismus darf nie wieder Platz haben." - Twitter, 10. Dezember 2017), Jens Spahn (CDU-Präsidiumsmitglied) ist „fassungslos", was mitten in Berlin passiert (Twitter, 8. Dezember 2017). Die Bundeskanzlerin wendet sich wohlfeil „gegen alle Formen von Antisemitismus und Fremdenhass" und verweist darauf, dass der Staat „mit allen Mitteln des Rechtsstaates dagegen einschreiten" muss.[111] Alle gehen anschließend zur Tagesordnung über, die Betroffenheitsrituale sind erfüllt.

Der vorgeschobene Grund für die antisemitische Demonstration, als antiisraelische Aktion verbrämt, ist die Ankündigung des amerikanischen Präsidenten Trump, Jerusalem als Hauptstadt Israels anzuerkennen. Die meisten Medien und die Bundesregierung sind sich einig, „man (müsse) sich schämen, wenn auf den Straßen deutscher Städte so offen Judenhass zur Schau gestellt wird", wie der Regierungssprecher Steffen Seibert am 11. Dezember 2017 erklärt und zugleich betont, dass die Meinungs- und Demonstrationsfreiheit jedem das Recht zu Protesten gewähre.[112] Die Meinungsfreiheit gilt allerdings nicht für jenen Bürger, der die Veröffentlichung der Rede Seiberts auf Facebook mit einer offensichtlich nicht regierungskonformen Bemerkung kommentiert, nämlich dass „der neue Antisemitismus nicht von deutschen Bundesbürgern (ausgehe), sondern mit den Massen von Flüchtlingen importiert wurde." Die scharfe Antwort der Bundesregierung weist den Bürger deutlich zurecht, denn der „Versuch, diese widerlichen Aktionen am Wochenende für andere Zwecke auszuschlachten und zu missbrauchen, ist nicht nur ziemlich durchschaubar, sondern auch geschmacklos."

Es ist nach Ansicht der Bundesregierung also ein Missbrauch der Meinungsfreiheit, auf die Realität des verbreiteten Antisemitismus in der muslimischen Gesellschaft hinzuweisen. Die Entgleisung des Regierungssprechers wird in den Medien mit Stillschweigen übergangen (und damit gedeckt).

Die „Bild"-Zeitung befragt junge Muslime zu den antisemitischen Demonstrationen in Berlin und veröffentlicht die Antworten und Fotos von den vier Muslimen Abdul (23), Abdullah (31), Mammonn (30) und Hakan (19), die sich mit vielen anderen Muslimen, die in einem Video zu Wort kommen, einig sind, dass Israel nicht existiere und das Land den Palästinensern gehöre.[113] Besonders aufschlussreich ist die Bemerkung von Abdul, der

„Scheiß Israel!" ausruft und ergänzt: „Sollte ich hier auf der Straße einen Israeli oder einen Amerikaner treffen, wäre er tot. Ich schwöre auf meinen Gott." Die „Bild"-Zeitung überschreibt den Beitrag mit der verallgemeinernden Titelzeile „So groß ist der Hass auf Israel in Deutschland", ohne darauf hinzuweisen, dass die Befragten, wie aus ihren Antworten in einer radebrechenden Sprache, die Deutsch sein könnte, und ihren teilweise auf Pidgin-Englisch erteilten Antworten abgeleitet werden kann, dass diese Befragten gerade nicht zu Deutschland gehören. Der Kommentar in der „Bild"-Zeitung zu den Demonstrationen zielt in die gleiche Richtung: „Ein Armutszeugnis für Deutschland". Dass Muslime ihren Antisemitismus bei ihrer Demonstration zum Ausdruck gebracht haben, lässt sich aus dieser Überschrift nicht erkennen. Allerdings stimmt die Überschrift des Kommentars insofern, als es ein Armutszeugnis für Deutschland ist, dass die Polizei nicht eingegriffen hat und sie stattdessen meldet, es habe „keine größeren Störungen gegeben". Festnahmen seien lediglich wegen Verstoßes gegen das Vermummungsverbot erfolgt.

Schon im Juli 2014 fallen arabische Demonstranten in Berlin durch antisemitische Skandierungen auf. „Jude, Jude, feiges Schwein" rufen sie auf einer nicht angemeldeten Kundgebung zum Gaza-Konflikt am 17. Juli 2014. Die Polizei sieht keine Veranlassung einzugreifen, denn es handele sich um keine Volksverhetzung. Aber die Polizei werde künftig „gegen antisemitische Äußerungen konsequent vorgehen" und bei arabischen Demonstrationen entschlossener einschreiten, sagt der Berliner Innensenator Frank Henkel (CDU).[114]

Die Berliner Antisemiten sind nicht alleine, denn auch in anderen Städten gibt es ähnliche Vorfälle am 14. Juli 2014. In Frankfurt am Main schallt es aus dem Lautsprecher eines Polizeiwagens „Allah ist groß" und „Kindermörder Israel". Die Polizei hat den Polizei-Lautsprecher Demonstranten überlassen, denn einige Demonstranten haben zuvor Polizisten mit Steinen beworfen und mit Tritten traktiert. Die Überlassung des Lautsprechers habe dazu beigetragen, die Situation zu beruhigen, heißt es in der Erklärung der Polizei, die absurder nicht sein könnte.[115]

In Gelsenkirchen rufen die arabischen Demonstranten an diesem Tag „Hamas, Hamas, Juden ins Gas".[116] Die Polizei befindet in ihrer Presseerklärung zu der „spontanen Demonstration", die Veranstaltung sei „friedlich" verlaufen. Die Rufe der Demonstranten hat die Polizei offenbar überhört, denn in der Pressemitteilung der Polizei ist nicht die Rede von dem Mordaufruf der Demonstranten.

Fast einhellig allerdings ist die Empörung in den deutschen Medien, als der Modedesigner Karl Lagerfeld in der Talkshow „Salut les Terriens" des französischen Fernsehens C8 am 11. November 2017 mit Blick auf die besondere Rolle Deutschlands zum Thema Antisemitismus von Muslimen hinweist. „On ne peut pas, même s´il ya des décennies entre, tuer des millions de juifs pour faire venir des millions de leurs pires ennemis après" („Wir können nicht, selbst wenn Jahrzehnte dazwischen liegen, Millionen Juden töten und danach Millionen ihrer schlimmsten Feinde ins Land holen"), sagt Karl Lagerfeld. Der „Spiegel" entdeckt „empörte französische Zuschauer", „Bild" charakterisiert Lagerfeld als „ätzend", die „Frankfurter Allgemeine Zeitung" berichtet über den „Skandal-Auftritt" des Modedesigners, der „Tagesspiegel" beklagt die „Polemik gegen Flüchtlingspolitik" und sogar die „Gala", eher nicht bekannt für politische Berichterstattung, empört sich über den „Skandal um Karl Lagerfeld". „Hunderte" Zuschauer hätten das Aufsichtsgremium des Fernsehens alarmiert, schreiben deutsche Medien, während nach französischer Darstellung, so wie im „Figaro", „einige" Zuschauer den „Conseil supérieur de audiovisuel" angesprochen hätten. Laut der Fernsehzeitschrift „Télé 2 Semaines" sind es „zahlreiche" Zuschauer.

Die Frage, ob Lagerfeld mit dem Begriff „schlimmste Feinde" der Juden womöglich auf ein Problem in der Gesellschaft hingewiesen haben könnte, wird in den genannten Medien nicht gestellt. Auch berichten deutsche Medien nicht darüber, dass in der Fernsehsendung anschließend der Antisemitismus in muslimischen Familien thematisiert wird. „Seien wir ehrlich, gibt es in muslimischen Familien, die heute in Frankreich leben, nicht auch eine antisemitische Kultur?", fragt der Moderator Thierry Ardisson die Anwältin Samia Maktouf („Soyons honnêtes, est-ce que dans des familles musulmanes, aujourd'hui qui vivent en France, est-ce qu'il n'y a pas une culture antisémite?").[117]

Auch bleibt häufig in deutschen Medien die anschließende Bemerkung Karl Lagerfelds unerwähnt, in der er ein konkretes Beispiel für den Antisemitismus eines Syrers benennt. Er habe eine deutsche Bekannte, sagt Lagerfeld, die einen Syrer aufgenommen habe. Dieser habe nach vier Tagen erklärt, die beste Erfindung Deutschlands sei der Holocaust. Für seinen Abscheu über dieses Bekenntnis des Syrers findet Lagerfeld das Wort „Ein Horror!"

Befragungen von Muslimen zeigen im Gegensatz zu verharmlosenden Medienberichten einen fundamentalen stabilen Antisemitismus.

Die Frage, ob mit der zunehmenden Migration von Muslimen die Gefahr des Antisemitismus steige, versucht ein Forschungsbericht für das American Jewish Committee Berlin, Ramer Institute for German-Jewish Relations aus dem Dezember 2017 zu beantworten.[118] Die Ergebnisse der Studie sind nicht repräsentativ, denn die Untersuchung berücksichtigt die Aussagen von lediglich 68 befragten Muslimen (54 Männer, 14 Frauen), die gezielt ausgewählt worden sind, weil sie „überdurchschnittlich offen" sind. Selbst unter diesen „überdurchschnittlich offenen" Befragten herrscht ein Meinungsbild vor, das von Verschwörungsfantasien geprägt ist. So werde die Welt von Juden oder Israel kontrolliert,

„die Juden" hätten die heiligen Schriften verfälscht, sie seien generell Feinde der Muslime. Deutlich wird durch die Studie, dass in den Herkunftsländern der Befragten, Syrien und Irak, eine antisemitische Norm im gesellschaftlichen oder sozialen Umfeld herrsche. In der Schulbildung und in den Medien würde eine antisemitische Ideologie mit dem Feindbild „zionistischer Imperialismus" verbreitet, sowie einer Auslegung des Islam, die Juden zum Feind des Islam erklärt.

In Anbetracht teilweise verstörender Aussagen kommt die Untersuchung zu der Befürchtung, die Versatzstücke antisemitischer Ideologien bildeten ein Potential für antisemitische Handlungen, die mobilisiert werden könnten. Von fundamentalem Antisemitismus zeugen Zitate wie „Aber letztlich werden die Juden zu unseren Feinden (…) letztlich sagt uns Gott, dass dies deine Feinde sind" (S. 21), „Sie haben das Buch gefälscht, das von Gott offenbart wurde" (S. 22), „Als Palästinenser denke ich, dass (Juden und Israelis) meine Feinde sind" (S. 29), „Juden kontrollieren die ganze Medienwelt" (S. 31) oder „Ich glaube, dass der internationale Mossad, der internationale Zionismus die ganze Welt lenkt" (S. 32). Im Fazit der Studie heißt es, dass die Interviewten „bestimmte Formen des Antisemitismus für selbstverständlich halten" und der Antisemitismus „unkritisch konsumiert" werde. Es bestehe aus der Sicht der Befragten eine generelle Feindschaft zwischen „den Muslimen" und „den Juden".

Noch einmal zur Erinnerung: Die Befragten sind „überdurchschnittlich offene" Muslime.

Eine Befragung von Lehrkräften Berliner Schulen zu Erfahrungen mit Antisemitismus in der Schule in der Zeit von Herbst 2015 bis zum Frühjahr 2016 zeigt im Ergebnis, dass der Islam mit antisemitischen Einstellungen eine stark gestiegene Rolle im Schulalltag gewonnen habe.[119] Die befragten 27 Lehrkräfte berichten übereinstimmend, dass antisemitische Stereotype die Ansichten der muslimischen Schüler dominieren, wie beispielsweise die Behauptung, „die Juden" beherrschten die Medien oder die ganze Finanzwelt sei in jüdischer Hand. Terrorismus gegen Israelis wird häufig gutgeheißen, und Hassparolen gegen Juden seien keine Seltenheit. Einige Lehrkräfte berichten, dass „Gewalt als Mittel der Durchsetzung religiöser Ziele befürwortet (werde), auch als Antwort auf die vermeintliche jüdisch-westliche Weltverschwörung zur Zerstörung des Islam." In einem Zwischenfazit des Berichts ist zu lesen, dass ein „beträchtlicher Teil der Lehrkräfte" sich darüber beklagt, von ihren Schulleitungen unzulänglich unterstützt zu werden im Umgang mit dem Islamismus und dem spezifischen Antisemitismus in Teilen der muslimischen Gemeinschaft. Die Schulleitungen würden schwierige Auseinandersetzungen lieber scheuen und dem Extremismus aus dem Wege gehen.

Eher am Rande als im Mittelpunkt einer Untersuchung behandelt der „Bericht des Unabhängigen Expertenkreises Antisemitismus" (Deutscher Bundestag Drucksache 18/11970 vom 7. April 2017) das Thema Antisemitismus von Muslimen.[120] Auf über 300 Seiten finden sich Aussagen zum Antisemitismus vorwiegend in „neutralem" Zusammenhang, indem beispielsweise berichtet wird über den Umfang verbaler Beleidigungen oder körperlicher Angriffe auf Juden (S. 49), nicht aber wird gesagt, wer diese Übergriffe verursacht hat. Auch wird lediglich über den „Bereich Hasskriminalität" im Allgemeinen berichtet und hinzugefügt, die Einstufung einer Tat als zum Beispiel „antisemitisch" sei nicht leicht vorzunehmen (S. 47), so dass von vornherein darauf verzichtet wird.

Dennoch berichtet der „Unabhängige Expertenkreis Antisemitismus" über ältere Studien, die zum Ergebnis hatten, dass Muslime deutlich häufiger als Nichtmuslime verschiedenen Facetten von Antisemitismus zustimmen. Die antisemitischen Einstellungen hätten sich als „recht stabil" erwiesen (S. 81). Das Ausmaß antisemitischer Einstellungen steige mit dem von ihnen angegebenen Grad der Religiosität.

Manche Untersuchungen machen glauben, der Antisemitismus von Muslimen hätte seine Ursache in eigenen Diskriminierungserlebnissen der Muslime. An dieser Erklärung äußert der „Unabhängige Expertenkreis" Zweifel, indem er den kausalen Kontext zwischen Ablehnung der Juden und eigenen Diskriminierungserfahrungen nicht ohne weiteres einleuchtend findet und einen Kontext allenfalls in dem Bild der Muslime als „weltweit gedemütigte Opfer" erkennen will. „Eigene Ausgrenzungserfahrungen können eine Motivation und Legitimation für die Abwertung anderer bieten, so auch für Antisemitismus, sind aber keine Entschuldigung", heißt es deutlich.

Einflussfaktoren auf antisemitische Einstellungen erkennt der „Unabhängige Expertenkreis" darin, dass muslimische Jugendliche stärker von ihrer religiösen Gemeinschaft geprägt werden als andere Jugendliche und darin, dass muslimische Jugendliche häufiger als andere Jugendliche antisemitische Propaganda aus ihren Herkunftsländern im Internet oder Fernsehen rezipieren.

Das deutsche Fernsehen und die Medien zeigen sich vielfach nachsichtig gegenüber dem Antisemitismus muslimischer Gesellschaften in Deutschland. Schon im November 2013 berichtet der Berliner Rabbiner Daniel Alter über einen „starken Antisemitismus in der Community mit türkischem, arabischem, islamischem Migrationshintergrund" und untermauert seine Einschätzung mit dem Hinweis, es gäbe „Stadtviertel in Deutschland, die für Juden zu No-Go-Areas geworden sind."[121] Rabbiner Alter ergänzt, es gäbe Medienvertreter, die „islamfaschistische Terrororganisationen" verharmlosen und damit dem Antisemitismus Vorschub leisteten.

Wie das öffentlich-rechtliche Fernsehen dem Antisemitismus Vorschub leistet, wird an der Bewertung der Verbrennung israelischer Fahnen durch muslimische Demonstranten anlässlich der Erklärung des US-amerikanischen Präsidenten Trump zur Verlegung der amerikanischen Botschaft von Tel Aviv nach Jerusalem vor dem Berliner Brandenburger Tor deutlich. Anstatt diese Demonstrationen als Volksverhetzung und Antisemitismus zu bezeichnen, „sorgten (diese Bilder) für öffentliches Aufsehen und eine erneute Diskussion", berichtet das Fernsehen, mehr nicht.[122] Die ehemalige Bundestagsabgeordnete Erika Steinbach fasst die Berichte der Medien und die Reaktion der Bundesregierung so zusammen: „Der importierte Antisemitismus wird viel zu häufig totgeschwiegen. Auch seitens der Bundesregierung wurden die antisemitischen Hasstiraden vor dem Brandenburger Tor nicht als solche benannt, sondern nur allgemein, ohne Ross und Reiter zu benennen, verurteilt."[123]

Wer für den „importierten Antisemitismus" (Jens Spahn, CDU-Bundestagsabgeordneter) verantwortlich ist, bleibt fast in allen öffentlichen Reaktionen unbeantwortet. Auch Jens Spahn vermeidet es, die CDU-Bundeskanzlerin zu erwähnen, die wiederum auch nur „gravierende Ausschreitungen" verurteilt. Auch der Bundesjustizminister Heiko Maas (SPD) sagt nicht, von wem der Antisemitismus ausgeht, sondern bleibt vage mit seinem Twitter-Beitrag, dem durchaus zuzustimmen ist: „Der Antisemitismus darf nie wieder einen Platz haben."

„Bauch-kriecherisches Islam-Appeasement" nennt ein Jahr vor den gewalttätigen Ausschreitungen am Brandenburger Tor der Herausgeber der „Jüdischen Rundschau", Rafael Korenzecher, die Anbiederung an einen gewalttätigen Islam, die „freudig und einseitig orchestriert (wird) durch unsere nachrichten-filternden Mainstream-Medien."[124]

2.5 Unvereinbare Gesellschaftsformen

Die islamische Welt hat bis ins 13. Jahrhundert in vielen Gebieten der Wissenschaft und Kunst herausragende Leistungen erbracht. Die kulturellen Zentren des Islam, Cordoba und Bagdad, werden im 13. Jahrhundert zerstört, Cordoba nach der Rückeroberung Spaniens durch Christen, Bagdad nach der Eroberung durch Mongolen. In der islamischen Gemeinschaft beginnt die Rückorientierung zum ursprünglichen, wahren Islam, denn nur dadurch könne der weitere Niedergang des Islam aufgehalten werden. Diese Haltung bewirkt geistigen Stillstand und intellektuellen Niedergang. Bis heute hat sich die islamische Gesellschaft von vielen Entwicklungen in der Wissenschaft und Kunst außerhalb ihres eigenen, engen Bereiches abgekoppelt.

Ein evidenter Analphabetismus und fest zementierte islamische Regeln lassen eine gelingende Integration von Muslimen unwahrscheinlich werden.

Wie verschlossen die islamische Gesellschaft selbst heute im Informationszeitalter ist, zeigen die Veröffentlichungen des „United Nations Development Programme" (UNDP), die unter dem Titel „Arab Human Development Report 2003" dokumentieren, dass nur in seltenen Fällen Bücher ins Arabische übersetzt werden. Weniger als ein Buch wird laut dieser Dokumentation pro Jahr für eine Einwohnerzahl von einer Million Menschen ins Arabische übersetzt, während die Vergleichszahlen für Ungarn (mit einer wenig verbreiteten Sprache) bei 519 und für Spanien bei 920 Büchern liegen.[125] Große Teile der arabischen Welt sind von den Informationen und der Kommunikation mit dem Rest der Welt praktisch ausgeschlossen. In ihrem Report aus dem Jahr 2002 stellen die UN die Rate der Analphabeten in den arabischen Ländern heraus, die mit über 40 Prozent der Bevölkerung deutlich höher liegt als sogar in den Entwicklungsländern. Die Rate der Analphabeten unter den Frauen beträgt über 60 Prozent.[126] Diese Zahlen, selbst wenn ihre Erhebung einige Jahre zurückliegt, dürften in etwa den Bildungsstand der Migranten aus arabischen Ländern widerspiegeln, die jetzt in der Bundesrepublik Deutschland ankommen.

Die Menschen aus einer rückwärtsgewandten nahezu geschlossenen Gesellschaft werden in ihrer überwiegenden Mehrzahl, selbst wenn sie es wollten, kaum in der Lage sein, sich in eine westliche tolerante Gesellschaft zu integrieren. Ihre islamische Umgebung und ihre mangelnden Fähigkeiten, in einer wissensbasierten zivilisierten Gesellschaft sich behaupten zu können, sind Hindernisse auf dem Weg der Integration, die eine exorbitante Motivation erfordern würde, um diese Schwierigkeiten zu überwinden. Die Anreize zur Integration sind zudem auch nur gering, denn die Wohlfahrtsgesellschaft in der Bundesrepublik Deutschland unterstützt auch die Muslime unterschiedslos und vorbehaltslos mit Unterkünften, Geld und Lebensmitteln, egal, ob sie sich integrieren wollen und können oder nicht. Da erlahmt jede Motivation zur Integration schnell.

Weil viele Aspekte des Lebens für Muslime durch das islamische Gesetz bestimmt werden, gibt es nur geringen Platz für eigene Entscheidungen und auch nur einen eingeschränkten Raum für Freiheiten. Eine westliche tolerante Gesellschaft mit ungeschriebenen Verhaltensregeln ist im Vergleich zu fest zementierten Regeln einer islamischen Gesellschaft zu unbestimmt, um attraktiv für diejenigen zu sein, die das Gerüst fester Grundsätze als Leitfaden brauchen. Eine Integration in eine freie Gesellschaft unter Aufgabe der Jahrhunderte alten Tradition einer intoleranten und geschlossenen Gesellschaft ist kaum erstrebenswert.

Daher erscheint es naiv zu erwarten, dass eine Integration muslimischer Migranten gelingen könnte. Umso wichtiger ist es, klare Regeln der deutschen Gesellschaft, die vor allem im Grundgesetz, aber auch in ungeschriebenen Normen festgelegt sind, zu kommunizieren und deutliche Konsequenzen zu ziehen, wenn Migranten gegen die Regeln handeln. Es ist nicht zu erkennen, dass in der offenen deutschen Gesellschaft auch nur im Ansatz darauf hingearbeitet wird, der islamischen Parallelgesellschaft Grenzen aufzuzeigen. Im Ergebnis wird sich die intolerante Gesellschaft durchsetzen, wie Nassim Nicholas Taleb es beschrieben hat. Weitere Beispiele werden den philosophischen Essayisten Taleb bestätigen (s.u.).

***

„Koran und Sunna des Propheten Mohammed bilden die Grundlagen des Koordinationsrats", legt der Koordinationsrat der Muslime in Deutschland KRM, in seiner Geschäftsordnung in der Fassung vom 28. März 2007 unter dem Titel „Zweck der Gemeinschaft" fest.[127] Ergänzend erklärt der Koordinationsrat, dass der Grundsatz, Koran und Sunna seien Grundlage der Aktivitäten des Verbandes, nicht aufgegeben oder verändert werden darf. Der Koordinationsrat, der das Ziel hat, eine einheitliche Vertretungsstruktur der Muslime in Deutschland zu fördern, besteht aus Mitgliedern der muslimischen Organisationen DITB, Islamrat, VIKZ und ZMD, also der Türkisch Islamischen Union der Anstalt für Religion e.v., dem Islamrat für die Bundesrepublik Deutschland, dem Verband der Islamischen Kulturzentren und dem Zentralrat der Muslime in Deutschland e.v.. Diese Organisationen vertreten wiederum hunderte untere Vereinigungen, die im Regelfall als eingetragene Vereine organisiert sind. Wieviele Vereinigungen es tatsächlich sind, ist nicht erkennbar, denn der Zentralrat der Muslime veröffentlicht die Mitgliederliste nicht.

Imame des DITIB stehen im Verdacht, im Auftrag des türkischen Präsidiums für Religionsangelegenheiten Diyanet Spionage getätigt zu haben. Der Generalbundesanwalt hat daher Ermittlungen wegen des Verdachts der geheimdienstlichen Agententätigkeit (§ 99 Strafgesetzbuch) aufgenommen. Der DITIB hingegen macht geltend, die Imame hätten eine Anweisung der türkischen Religionsbehörde falsch interpretiert.[128] Auch der Hamburger Verfassungsschutz untersucht Vorgänge in einer Moschee des DITIB. Der Vorsitzende des Trägervereins der Hamburger DITIB-Moschee Muradiye, Ishak Kocaman, äußert eindeutig, für die Moschee sei Demokratie nicht bindend, „uns bindet Allahs Buch, der Koran."[129]

Manche muslimischen Vereine weisen in ihren Selbstdarstellungen darauf hin, dass sie die deutschen Gesetze anerkennen, jedoch ist nur im Ausnahmefall von einer Integration in die deutsche Gesellschaft die Rede. Der Widerspruch in der Feststellung, der Koran und die Sunna dürften nicht aufgegeben oder verändert werden, zu der Aussage, die muslimischen Organisationen erkennen die deutschen Gesetze an, ist offenbar. Für die deutsche Gesellschaft gelten andere, vor allem im Grundgesetz festgeschriebene Regeln, als diejenigen in Koran und Sunna. Der türkische Ministerpräsident und spätere Präsident Recep Tayyip Erdogan macht in seiner Rede vor 16.000 Türken in der Köln-Arena im Februar 2008 konsequenterweise deutlich, dass es für die Türken in Deutschland keine Assimilation geben dürfe: „Niemand kann von Ihnen erwarten, Assimilation zu tolerieren. Niemand kann von Ihnen erwarten, dass Sie sich einer Assimilation unterwerfen", ruft Erdogan, „denn Assimilation ist ein Verbrechen gegen die Menschlichkeit."[130]

Bundespräsident Gauck erklärt „uns" in einer Rede in einer Schule in Offenbach: „Wenn wir uns Integration wünschen, so müssen wir keineswegs Assimilation verlangen", und weiter ruft er die Migranten auf: „Es ist verständlich, dass Sie Ihre Kultur und Ihre Religion weiter pflegen wollen. Mischen Sie sich bitte hier ein und gestalten Sie dieses Land mit."[131] Das heißt im Klartext: Der Bundespräsident ruft die Muslime auf, sich nicht zu assimilieren und Deutschland nach ihren Vorstellungen zu gestalten. Allenfalls wünschen „wir" uns eine Integration der Muslime.

Es dürfte kein Zweifel daran bestehen, dass die grundlegenden Prinzipien des Gemeinwesens, allem voran das Grundgesetz, sowie die Gesetze und das Rechtsstaatsprinzip nicht verhandelbar sind. Von allen Migranten, auch denjenigen muslimischen Glaubens, ist zu verlangen, dass sie diese Prinzipien akzeptieren.

Die im Islam verankerte strikte Trennung zwischen Gläubigen und Nichtgläubigen lässt sich nicht ausblenden und erschwert das Zusammenleben. Die festen Regeln des Islam, wie mit Ungläubigen umgegangen werden soll, offenbaren, dass eine Integration der Muslime in westliche Lebensformen illusorisch erscheint. Ein Blick auf Fragen von Muslimen zu sozialen Angelegenheiten und die Antworten von Großgelehrten und Gelehrten der muslimischen Welt zeigen die Unvereinbarkeiten zwischen sozialen Umgangsformen nach islamischen Rechtsurteilen und den üblichen Gepflogenheiten einer liberalen Gesellschaft.

Divergierende soziale Umgangsformen zeigen die große Kluft zwischen Muslimen und Nichtmuslimen.

So ist es dem muslimischen Mann verboten, Frauen bei der Begrüßung die Hand zu schütteln, wie „Das Ständige Komitee für wissenschaftliche Forschung und Rechtsfragen" im Königreich Saudi-Arabien feststellt. Das Händeschütteln zwischen Frauen und Männern, die einander keine Mahram (Personen, die zur Ehe erlaubt sind) sind, sei eines der Mittel, das für beide von ihnen zur Versuchung führen könne, und es sei verpflichtend, diese Versuchung zu meiden.[132] Auch sollen Frauen nicht mit sanfter

Stimme sprechen, denn „Frauen sind ein Anziehungspunkt für die Erfüllung des Verlangens von Männern. Sie fühlen sich ihnen hingezogen durch ihre natürlichen Begierden. Wenn eine Frau in sanfter Stimme spricht, vermehrt sich die Versuchung."

Die Frage, ob Muslime ihre Kinder auf Schulen der Kuffar (Ungläubige) schicken dürfen, beantwortet das Ständige Komitee damit, dass es ihnen nicht erlaubt sei, falls die Kinder einer Versuchung unterliegen könnten oder ihre Moral verdorben werden könnte. Auch müsse die Geschlechtertrennung eingehalten werden, denn das „freie Mischen von Männern und Frauen in Schulen und anderswo ist ein großes Übel, das ernsthafte Auswirkungen auf die Religion und die weltlichen Belange einer Person hat. Es ist einer Frau nicht erlaubt, an einem Ort zu studieren oder zu arbeiten, wo freies Mischen zwischen Männern und Frauen stattfindet." In gleicher Weise äußert sich Schaykh Abdul-Muhsin al Abbaad, der einer in Deutschland lebenden Frau, die hier Pharmazie studieren möchte, um von ihrem Mann unabhängig zu sein, antwortet, der Unterhalt obliege dem Mann und ein Studium an einem Ort, in dem es Geschlechtermischung gäbe, sei nicht erlaubt.

Das Fernsehen sei eine gefährliche Erfindung, erklärt Schaykh Abdul-Azis ibn Baz auf die Frage, ob das Fernsehen im Islam erlaubt sei, denn es präsentiere schlechte Moral, verführerische Szenen, zerstörerische Aussagen und Unglaube. Befürworter des Fernsehens, die das Medium „für einen guten Zweck" nutzen wollen, machten einen großen Fehler, wenn sie meinten, das Fernsehen könne ja zensiert werden, denn es sei äußerst selten, dass man Zensoren finde, die ihre Arbeit perfekt ausüben. Auch soziale Medien wie Twitter oder Facebook dürfen von Muslimen nicht benutzt werden, weil es Medien „von negativer Beschaffenheit" sind, die es Muslimen nicht erlauben, sich daran zu beteiligen.

Zahlreiche Webseiten bieten Fragenden Antworten darüber, was im Islam erlaubt oder verboten ist. So beantwortet Al-Sayyid Ali Al-Husseini Al-Sistani (sistani.org) Fragen dazu, ob es erlaubt sei, Unterhaltungsmusik zu hören (verboten), ob Katzenhaare auf der Kleidung die Gebete beeinflussen (bis zu drei Haaren sind erlaubt), ob illegale Software benutzt werden darf (ja, wenn jemand anderes den Rechtsbruch begangen hat) oder ob der Besuch von Fitness-Centern erlaubt sei, in denen Männer und Frauen trainieren (verboten).

Weitere Internetportale wie islamqa.info, askthescholar.com oder fatwa.online zeigen, dass ein großer Beratungsbedarf besteht. Insbesondere sexualitätsbezogene Fragen zu vielen Spielarten geschlechtlicher Aktivitäten werden ausführlich in allen Details erörtert. Die weibliche Beschneidung in Form der Reduktion der Klitorisvorhaut ist kein Tabu, sondern wird vor allem von den sunnitisch-islamischen Rechtsschulen befürwortet.[133]

Auffallend ist, dass viele Fatwa-Portale soziale Medien wie Facebook oder Twitter benutzen, obwohl zahlreiche Islam-Ratgeber meinen, dass diese Medien im Islam verboten sind. Unsicherheiten über richtige glaubenskonforme Verhaltensweisen bestehen in vielfacher Hinsicht, wie aus den Fragen von Muslimen und den Antworten der religiösen Experten deutlich wird. Die Unsicherheiten werden auch durch Auskünfte der religiösen Autoritäten nicht immer beseitigt, denn die Experten kommen, abhängig davon, ob sie staatlichen oder nicht-staatlichen Organisationen, sunnitischen oder schiitischen Glaubensrichtungen oder etwa fundamentalen Formationen, wie beispielsweise der ägyptischen Muslimbruderschaft, angehören, zu abweichenden Antworten bei identischen Fragen. Eines aber eint alle Expertenauskünfte: Den Antworten auf die Fragen der Muslime ist im Regelfall gemeinsam, dass ein Bezug auf Regeln und Usancen der säkularen westlichen Gesellschaften fehlt. Verbindlich sind allein die islamischen Glaubensregeln.

Übrigens: Die Fragen und Antworten werden auf Deutsch gestellt und beantwortet.

2.6 Rechtsprechung

Deutsche Gerichte neigen bei Strafverfahren gegen Muslime dazu, bei der Strafzumessung mögliche mildernde Umstände großzügig einzuräumen. Das führt bisweilen zu Urteilen, die auf wenig Verständnis bei der deutschen Bevölkerung stoßen. Der Rechtsfrieden wird darunter leiden.

Eine Rechtsprechung, die muslimische Usancen in die Urteilsfindung einbezieht, verletzt die Grundregeln des Rechtsstaats. Das halten manche Richter für unerheblich.

So wird ein 27-jähriger Pakistaner in Berlin nach dem Missbrauch eines sechsjährigen Mädchens zu einem Jahr und acht Monaten Haft verurteilt - auf Bewährung. Strafmildernd sei das Geständnis des Täters gewesen, befindet das Gericht, obwohl das Geständnis im Verfahren ohne Bedeutung ist, weil der Täter bei seiner Tat ergriffen worden ist. Zurück bleibt eine zerstörte Familie, denn der Vater des Mädchens wird von der Polizei erschossen, als er droht, den Täter mit einem Messer anzugreifen.[134]

Ebenfalls zur Bewährung wird eine Strafe von einem Jahr und neun Monaten für einen 25-jährigen Sudanesen ausgesetzt, der unter sieben verschiedenen Identitäten Sozialleistungen in Höhe von rund 22.000 Euro erschlichen hat. Das Amtsgericht Hannover erkennt die Argumentation der Staatsanwaltschaft nicht an, der Angeklagte habe mit hoher krimineller Energie gehandelt.

Der Täter habe lediglich eine Lücke im System ausgenutzt, befindet das Gericht.[135]

Wegen sexuellen Missbrauchs eines neunjährigen Jungen wird ein 24 Jahre alter Afghane in Bad Hersfeld zu neun Monaten Freiheitsstrafe auf Bewährung verurteilt. Die Bewährungsstrafe begründet das Gericht damit, dass der Angeklagte geständig sei. Der Angeklagte macht auch geltend, dass er eine Nervenkrankheit habe, eine Einlassung, die ein Kasseler Gutachter nicht bestätigen, aber auch nicht ausschließen kann, weil es Übersetzungsschwierigkeiten mit einem Dolmetscher gegeben habe.[136]

Einem 21-jährigen mutmaßlichen Islamisten und Taliban gegenüber zeigt ein Richter im bayerischen Miesbach Toleranz, indem er eigenhändig das christliche Kreuz im Verhandlungssaal abnimmt, um den Muslim, der wegen Todesdrohungen gegen einen Christen angeklagt ist, „nicht in seinem extremistischen religiösen Wahn zu bestärken, sondern ihn für tolerante Ideen zu gewinnen", sagt der Richter im Interview mit der „Welt".[137] Er wolle nicht Öl in die irren Vorstellungen eines Krieges zwischen dem Islam und dem Christentum des Angeklagten gießen, ergänzt der Richter, sondern zu einem friedlichen Dasein bekehren. Der Richter verurteilt den 21-jährigen Islamisten zu einem Jahr Jugendstrafe auf Bewährung.

Diese wenigen Beispiele dürften dazu geeignet sein, die Vorwürfe des Vorsitzenden der Deutschen Polizeigewerkschaft, Rainer Wendt, zu erhärten, der die Justiz kritisiert, sie spreche zu lasche Urteile. „Unsere Richter legen leider an einen nordafrikanischen Intensivtäter oft dieselben Maßstäbe an wie an einen fehlgeleiteten deutschen Jugendlichen", sagt Wendt im Interview mit der „Wirtschaftswoche" im September 2016.[138] Die Täter könnten mit dem Rechtsbegriff „Bewährung" gar nichts anfangen, sondern wunderten sich nur, dass die Justiz so milde urteile, erklärt Wendt. Es gäbe unter den Flüchtlingen Gewalttäter, Diebe, Räuber, Vergewaltiger, die überhaupt nicht daran dächten, sich auch nur ansatzweise an die deutsche Rechtsordnung zu halten oder sich zu integrieren. „Sie lachen über die Justiz." Die Bundeskanzlerin spreche mantraartig nur von Integration und habe noch kein einziges Mal auf die Kriminellen hingewiesen, macht sich der Gewerkschaftschef Luft. Sein Fazit lautet, eine ernsthafte Strafverfolgung finde meist gar nicht statt, und er befindet daher, Deutschland sei in Gefahr.

„Die Zeit" dagegen sieht in einem im Januar 2017 veröffentlichten Artikel nicht das Land oder das Recht in Gefahr, sondern den Polizeibeamten Rainer Wendt „am Abgrund".[139] Kritik an der Justiz kommt beim ehemaligen Bundesrichter Thomas Fischer, dem Autor des Artikels, nicht gut an, vor allem dann nicht, wenn sie von der Deutschen Polizeigewerkschaft geäußert wird, deren Hauptkennzeichen „notorischer Alarmismus" sei, wie der Autor konstatiert. Statt Probleme bei der Justiz zu sehen, sollte der Polizeibeamte Rainer Wendt sich lieber Gedanken über „evidente eigene Defizite" bei der Polizei machen, wie der islamistische Terroranschlag auf dem Weihnachtsmarkt am Berliner Breitscheidplatz am 19. Dezember 2016 zeige, einen Mordanschlag, den der Bundesrichter a.D. lediglich als „bedrückendes Ereignis" zu klassifizieren vermag. Im Übrigen empfiehlt Thomas Fischer dem Polizeibeamten Wendt, den Polizeidienst zu kündigen und in Ungarn Asyl zu beantragen, wenn er sich durch nordafrikanische Kleinkriminelle und arabische Clans bedroht fühle und den Rechtsstaat in Gefahr sehe. Seine Empfehlung garniert er mit einer Serie ironischer Bemerkungen mit selbstgefälliger Herablassung, die zeigt, dass er es nicht akzeptiert, wenn sich ein Polizeibeamter Sorgen um die Funktionsfähigkeit des Rechtsstaats macht. Wendt solle sich schämen, ist Fischers moralische Aufforderung, wenn er eine andere Rechtsprechung erwarte.

Nicht nur in der Anwendung des Strafrechts, sondern auch in der Durchsetzung des Zivilrechts zeigen sich Probleme, wenn deutsches Recht bei Muslimen abbedungen wird oder Verstöße von vornherein nicht geahndet werden.

So ist mit deutschem Recht nicht vereinbar, dass Muslime eine Zweit- oder Drittfrau standesamtlich heiraten, denn dies würde gegen elementare Rechtsgrundsätze der grundgesetzlich geschützten Einehe verstoßen. Der Verwaltungsgerichtshof Baden-Württemberg ist anderer Ansicht und hat erklärt, das Prinzip der Einehe sei kein Bestandteil der freiheitlich demokratischen Grundordnung in Deutschland. „Der Bestand und die Sicherheit des Staates sowie dessen Grundordnung werden bei einem Verstoß gegen das Prinzip der Einehe nicht gefährdet", befindet das

Gericht.[140] Der Syrer, um dessen Einbürgerung es in dem Verfahren geht, erklärt vor Gericht, der Islam, an den er glaube, gestatte die Mehrehe, und das Gericht erkennt, dass die in Syrien rechtmäßig geschlossene Mehrehe auch in Deutschland als Ehe im Sinne des bürgerlichen Rechts gilt. Die zweite Ehefrau lebt inzwischen auch in Deutschland, so dass zwei Ehefrauen und vier Kinder alimentiert werden.

In Frankfurt lehnt eine Richterin die Ehescheidung einer Deutschen mit marokkanischem Hintergrund von ihrem marokkanischem Ehemann, der sie brutal misshandelt, vor Ablauf des Trennungsjahres ab. „Die Ausübung des Züchtigungsrechts begründet keine unzumutbare Härte gemäß Paragraf 1565 BGB", erklärt die Richterin. „Für diesen Kulturkreis ist es nicht unüblich, dass der Mann gegenüber der Frau ein Züchtigungsrecht ausübt", schreibt die Richterin an die Anwältin der Klägerin. Nach einem Befangenheitsantrag gegen die Richterin erklärt diese noch, dass es für einen islamisch erzogenen Mann eine Ehrverletzung sein könne, wenn die Frau nach westlichen Kulturregeln lebe. Dem Befangenheitsantrag wird am Ende stattgegeben.[141]

Das Oberlandesgericht Bamberg hat im Juni 2016 eine vor einem syrischen Scharia-Gericht geschlossene Kinderehe zwischen einem Cousin und einer Cousine legalisiert.[142] „Eine in Syrien nach syrischem Eheschließungsrecht wirksam geschlossene Ehe einer zum Eheschließungszeitpunkt 14-Jährigen mit einem Volljährigen ist als wirksam anzuerkennen", sagt das Gericht in seinem amtlichen Leitsatz. In der Urteilsbegründung führt das Gericht aus, dass es einer Integration der beiden syrischen Flüchtlinge entgegenstehen würde, wenn sie getrennt voneinander lebten, wie es das Jugendamt fordert. Den Einwand des Jugendamtes, dass aufgrund des Alters des bei der Urteilsverkündung 16-jährigen Mädchens eine Strafbarkeit nach § 182 Abs. 3 StGB (Sexueller Mißbrauch von Jugendlichen) vorläge, akzeptiert das Gericht nicht, denn die Strafbarkeit unterliege der Einzelfallprüfung. Die Einzelfallprüfung ergibt, dass deutsches Recht nicht anzuwenden ist.

Diese Beispiele mögen ausreichen, um zu erkennen, dass das deutsche Recht dadurch aufgeweicht wird, dass die kulturellen Hintergründe der muslimischen Migranten in der Rechtsprechung eine besondere Beachtung finden. Der Gründungsrektor des Zentrums für Islam und Recht in Europa, Mathias Rohe, erklärt, die Scharia könne anstelle des deutschen Rechts angewandt werden, wenn das Ergebnis für den deutschen Staat erträglich sei. In absurder Argumentation ergänzt er, das Vertrauen in den Rechtsstaat könne bei manchen Migranten dadurch gestärkt werden, dass man ihre kulturellen Kontexte berücksichtige.[143]

Die Berücksichtigung des kulturellen Kontextes der Muslime bedeutet jedoch, dass einem kulturellen Konflikt aus dem Weg gegangen wird. Die in Deutschland geltenden Normen und Werte werden beiseite geschoben und das Recht islamischer Gesellschaften an deren Stelle gesetzt. Die allgemeinen Gleichheitssätze im Grundgesetz Artikel 3 regeln unter anderem, niemand dürfe wegen seiner religiösen Anschauungen bevorzugt werden. Dies gilt offensichtlich nicht immer, wie die aufgezeigten Fälle dokumentieren. Klare Stellungnahmen dahingehend, dass deutsches Recht für Muslime nicht abdingbar ist, wären angebracht, sind aber leider die Ausnahme.

2.7 Mut und Feigheit

Die christlichen Kirchen, die Politiker und die Medien sind sich in Deutschland weitgehend einig, wie mit dem Islam und mit seinen Auswüchsen umzugehen ist. Es herrscht das Prinzip des vorauseilenden Gehorsams und der Unterwerfung.

Oriana Fallaci lässt sich im Umgang mit dem Ayatollah nicht verbiegen...

Aber es geht auch anders, wie die italienische Journalistin Oriana Fallaci in zwei Interviews mit dem Führer der Islamischen Revolution im Iran, Ayatollah Ruhollah Khomeini beweist. In der

„New York Times" erscheint am 7. Oktober 1979 eine Zusammenfassung ihres Interviews.[144]

„Sie werden von vielen Menschen als Diktator bezeichnet", beginnt Oriana Fallaci das Gespräch mit Khomeini, um nach der Zurückweisung dieser Bezeichnung durch den Ayatollah bald danach festzustellen, im Iran herrsche ein faschistischer Fanatismus, der dem italienischen Faschismus Mussolinis ähnele. Khomeinis Antwort fällt erwartbar aus, denn er sagt, die Massen im Iran seien Muslime, die von der Geistlichkeit erzogen worden seien, die Geist und Güte predigen. Es herrsche Demokratie, denn die Menschen im Iran wünschten, von der Geistlichkeit geführt zu werden, die darauf achte, dass nicht gegen den Koran gehandelt würde. Der Vorhaltung Fallacis, im Iran würden untreue Ehefrauen, Homosexuelle, Kommunisten oder Kurden hingerichtet, entgegnet Khomeini, es solle eine gereinigte Gesellschaft geschaffen werden und um dieses Ziel zu erreichen, müssten diejenigen bestraft werden, die der Jugend Schlechtes beibringen wollen.

Oriana Fallaci trägt zum Interview einen Tschador und fragt den Iman unter dem Hinweis, dieses Kleidungsstück sei ein Zeichen der Ungleichbehandlung von Mann und Frau: „Übrigens: Wie schwimmen Sie in einem Tschador?" Khomeinis Antwort, wenn Oriana Fallaci das islamische Kleidungsstück nicht tragen wolle, sei sie nicht dazu gezwungen. „Sofort ziehe ich dieses dumme, mittelalterliche Stück aus. Jetzt. Getan." Und dann fragt die Journalistin, warum die Regeln des Koran, keinen Alkohol zu trinken, keine Musik zu hören, noch heute gelten sollten. Die kurze Antwort des Iman ist, dass es eben im Koran so stehe und Musik den Geist verwirre. „Und nun ist es genug. Gehen Sie. Gehen Sie.“

Als die Journalistin Oriana Fallaci im Jahr 2006 stirbt, wird sie auch nach ihrem Tod noch in Nachrufen verurteilt. In der „Frankfurter Allgemeinen Zeitung“ meint Dirk Schümer mitteilen zu müssen, ihre Bücher, wie „Die Wut und der Stolz“ seien „antiislamische Pamphlete“, in denen sie ihrem Ressentiment gegen den widerstandslosen Linksliberalismus europäischer Prägung freien Lauf lasse.[145] Und Bettina Gaus befindet in der „TAZ“, Fallaci habe mit ihren Polemiken ihre eigenen Werte verraten, ihre „Lust an der Provokation“ sei in Menschenverachtung umgeschlagen, weil sie geschrieben habe, Gefahr drohe nicht nur von islamischen Terroristen, sondern generell von Migranten, die „uns ihre Idee, ihre Sitten und ihren Gott aufzwingen.“[146]

Gefragt ist nicht der Mut, die Entwicklungen zur Islamisierung des Westens deutlich zu benennen, sondern gefragt ist stattdessen, wie es dem Tenor der aufgezeigten Nachrufe entnommen werden kann, zu relativieren und diejenigen zu diskreditieren, die eine offene Sprache pflegen. Positive Resonanz finden in den Medien daher eher Unterwerfungsgesten und zweifelhafte Anpassungen an fremde Usancen.

In Sachen Leisetreterei sind zahlreiche Beschwichtigungen dokumentiert.

... die christlichen Würdenträger (und viele andere) hingegen fallen durch vorauseilenden Gehorsam auf.

So legen zum Beispiel der Vorsitzende der Deutschen Bischofskonferenz, Reinhard Kardinal Marx, und der Vorsitzende der Evangelischen Kirche in Deutschland, Heinrich Bedford-Strohm, am 20. Oktober 2016 bei einem Besuch der Aksa-Moschee auf dem Tempelberg in Jerusalem ihre christlichen Kreuze ab, die sie sonst immer als Symbol ihres Glaubens tragen. Diese Unterwerfungsgeste ruft Kritik hervor, denn Marx und Bedford-Strohm haben sich durch das Ablegen des Kreuzes selbst amputiert. Der Historiker Michael Wolffsohn erinnert die kirchlichen Würdenträger in der „Bild"-Zeitung daran, dass die Achtung vor den anderen nicht mit mangelnder Selbstachtung einhergehen dürfe.[147] Die Evangelische Kirche klassifiziert Kritik an der Unterwerfung schnell als „rechtsgerichtet", ein Hinweis, mit dem jegliche Diskussion beendet werden kann.[148] Es sei in der Verantwortung des Ratsvorsitzenden der Evangelischen Kirche in Deutschland, „friedensstiftend zu wirken", denn das Amtskreuz hätte als „Provokation" empfunden werden können.

„Den Ernährungswünschen und -gewohnheiten der Eltern und Kinder vielfältiger Nationalitäten und Religionszugehörigkeiten folgend verzichtet das Studierendenwerk Hamburg in allen seinen Kitas auf Schweinefleisch", heißt es in einer Antwort des Senats der Freien und Hansestadt Hamburg auf eine Kleine Anfrage der

CDU vom 9. März 2016 über den Speiseplan in Hamburger Kitas, Schulen, Hochschulen und öffentlichen Kantinen. Ergänzend wird für diverse andere Kitas erläutert: „Wir nehmen Rücksicht auf unsere muslimischen Mitbürger", „Wir bieten nur halal Fleisch an" oder „Aus Rücksicht auf unsere muslimischen Kinder."[149] Das Kurt-Körber-Gymnasium in Hamburg verkündet mit Freude, dass der Betreiber der Kantine, der auch die anderen Hamburger Schulen versorgt, nur Fleisch bietet, das halal ist. Die Schulleitung sieht es als selbstverständlich an, dass sich alle Kinder und Schüler nach den Ernährungsgewohnheiten der Muslime richten. „Wir nutzen die religiöse und kulturelle Vielfalt unserer Schüler, um sie für die Mitgestaltung der Gesellschaft zu stärken. Dadurch versuchen wir, eine islamistische Dominanz zu verhindern", sagt Christian Lenz, der Leiter des Kurt-Körber-Gymnasiums.[150] Warum eine islamistische Dominanz verhindert wird, wenn sich alle nach den Usancen der Muslime richten, erschließt sich nicht ohne weiteres.

Als „rechtsradikale Hetze" gilt, wenn die ehemalige CDU-Bundestagsabgeordnete Erika Steinbach sich öffentlich wundert, dass der Weihnachtsmarkt der Stadt Elmshorn in einen „Lichtermarkt" umbenannt worden ist, für den die Stadt mit einem Plakat wirbt, das ein dunkelhäutiges Kind abbildet. Der öffentlich-rechtliche Norddeutsche Rundfunk, beflissentlich jede Kritik an Unterwerfungsgesten gegenüber Muslimen zurückweisend, schreibt dazu, „Elmshorner von Steinbachs Hetze genervt"[151] und ergänzt, von einer „Kapitulation vor dem Islam" könne keine Rede sein.

Allein die Überschrift, dass Elmshorner, also in dieser Allgemeinheit unterstellend, dass alle Elmshorner von Erika Steinbach genervt seien, ist ein Musterbeispiel für eine Manipulation schäbiger Art von einem öffentlich-rechtlichen Medium.

Der Schulleiter des Gymnasiums Johanneum Lüneburg wundert sich über das öffentliche Unverständnis an seiner Entscheidung, die Weihnachtsfeier in der Schule in den schulfreien Nachmittag zu verlegen, nachdem eine muslimische Schülerin im Vorjahr Kritik am Singen christlicher Lieder geäußert hatte. Er habe nur um eine „sensible Handhabung" gebeten, schreibt der Schulleiter in einer Pressemitteilung mit der Bitte, die „Richtigstellung zur Kenntnis zu nehmen und zu beachten."[152] Die Form und Art der Weihnachtsfeiern am Johanneum hätten sich in den letzten Jahren immer wieder mal verändert, erläutert der Schulleiter. Jetzt also findet die kulturtolerante Weihnachtsfeier für Interessierte am schulfreien Nachmittag statt, weil eine muslimische Schülerin sich durch Weihnachtslieder gestört fühlt.

Auffallend tolerant zeigt sich der Deutsche Fußballbund, der es für angebracht hält, ein Mädchen mit Kopftuch zusammen mit anderen Kindern beim Länderspiel England gegen Deutschland am 10. November 2017 mit der deutschen Nationalmannschaft ins Londoner Wembley-Stadion einlaufen zu lassen. Den deutschen Medien ist diese Herausstellung eines Kindes kein Wort einer Bemerkung oder Kommentierung wert, obwohl das Kind instrumentalisiert wird. Der Buchautor und Journalist Hamed

Abdel-Samad ist einer der Wenigen, der deutliche Kritik äußert. Auf Facebook schreibt er am 11. November 2017: „Die Fahne des politischen Islam und des Patriarchats auf dem Kopf eines Kindes als Zeichen von Toleranz, Selbstbestimmung und Diversität zu verstehen, ist der Tiefpunkt einer gescheiterten Integration und einer Gesellschaft, die nicht mehr weiß, wo sie steht!" Und Abdel-Samad sieht voraus, dieses Bild werde von Islamisten verwendet, um muslimische Mädchen unter Druck zu setzen, so früh wie möglich das Kopftuch zu tragen. „Das ist wirklich an Dummheit und Naivität nicht zu überbieten!" Dies sagt ein Kritiker mit „Migrationshintergrund". Eine ähnliche Aussage eines einheimischen Journalisten würde sicherlich als politisch inkorrekt und islamophob gebrandmarkt werden.

Nassim Nicholas Taleb wird auch in diesen Beispielen bestätigt: Der Intoleranteste gewinnt.

Konservative Islamkreise wirken in die Schulen hinein. Das steht einer Integration der Muslime entgegen.

Die Türkisch-Islamische Union der Anstalt für Religion e.V. (DITIB) kontrolliert etwa 900 Moscheen in Deutschland in denen etwa 970 von der DITIB entsandte Imame, die häufig nicht Deutsch sprechen, im Auftrag der Türkei tätig werden. Die Organisation bestimmt im Bundesland Hessen in Kooperation mit dem

Kultusministerium sogar über den Islamunterricht in den Grundschulen und weiterführenden Schulen.[153] Entscheidende Mitspracherechte im Schulunterricht hat der Verein auch in Niedersachsen, Nordrhein-Westfalen oder Rheinland-Pfalz, wo Vertreter der muslimischen Organisation über die Unterrichtsinhalte oder die Auswahl der Lehrer entscheiden. Dies stellt der Leiter des Fachbereichs Islamische Theologie und Religionspädagogik an der Pädagogischen Hochschule Freiburg, Abdel-Hakim Ourghi fest. Die DITIB berufe sich in ihrem Lehrplan auf den Koran und die Sunna in sehr konservativer Sichtweise mit gewaltverherrlichenden Aussagen. Für Islamisten spiele die Sunna eine zentrale Rolle bei der Legitimierung ihrer Gewalttaten, schreibt Ourghi in einem Gutachten für die Hessische Landesregierung.[154] Das hessische Kultusministerium hält den Islamunterricht für ein Erfolgsmodell und weist die Kritik Ourghis zurück.

Der Buchautor und Journalist Constantin Schreiber berichtet von seinen Besuchen in deutschen Schulen. Er kommt zu dem Fazit, dass es an manchen Schulen „nicht rund" laufe, eine Einschätzung, die durchaus als euphemistisch bezeichnet werden kann.[155] In Nordrhein-Westfalen nimmt er mit Erstaunen zur Kenntnis, dass in einer Schule die Klassen zum einen aus religiösen Gründen nach Geschlechtern getrennt sind, zum anderen aber auch deshalb, damit die Mütter unter den Schülerinnen sich besser um ihre Kinder kümmern können. In einer Klasse, die der Autor besuchen kann, haben die meisten Schülerinnen einen türkischen, syrischen oder afghanischen Familienhintergrund, die

Hälfte der Schülerinnen im Alter von etwa 17 Jahren hat bereits eigene Kinder. In der Pause werden die Unterrichtsräume für das gemeinsame muslimische Gebet zur Verfügung gestellt.

Constantin Schreibers Besuch in der Berliner Otto-Hahn-Schule im Stadtteil Neukölln offenbart ebenfalls beunruhigende Erkenntnisse. Hier versucht der Autor mit Schülern über politische Fragen zu diskutieren, erfolglos, denn bald wird er als „Lügner" tituliert, als er Inhalte von Moscheepredigten zitiert. „Kein Imam sagt schlechte Sachen", erfährt Schreiber. „Jude", „Deutscher", „Schwuchtel" oder „Nazi" sind nur übliche Beschimpfungen durch Schüler mit arabischem oder türkischem Migrationshintergrund, muss der Journalist konstatieren.

Die zahlreichen Kommentare zu diesem Zeitungsartikel bestätigen die beschriebenen Zustände in deutschen Schulen als verbreitete Realität. Die Kommentare sind durchgehend resignierend, denn niemand der Kommentatoren erwartet eine Änderung der Lage zum Besseren, eher befürchten sie übereinstimmend ein Misslingen jeglicher Integrationsversuche, da die jungen Menschen der Indoktrination konservativer Islamkreise ausgesetzt sind, die ungehindert wirken können. Toleranz lässt die Intoleranten gewähren, die dann das gesellschaftliche Klima bestimmen.

3. Beeinflussung durch Medien

3.1 Die Glaubwürdigkeit der Medien

Die Medien, Ausnahmen gibt es, kommen insgesamt ihrer Aufgabe einer kritischen Begleitung der Migrantenkrise nur unzureichend nach. Das zeigt sich beispielsweise in den Bundes-Pressekonferenzen, in denen zum Thema Migration wohlmeinende stichwortgebende Fragen der Journalisten dominieren gegenüber solchen Fragen, die eine gewisse Distanz zu den Regierenden zeigen. Ebenfalls ist die Darstellung der Situation der Migranten im öffentlich-rechtlichen Fernsehen und in anderen Medien von einem wohlmeinenden Grundtenor geprägt.

Insgesamt gilt für die Medien: Sie berichten positiv über die unkontrollierte Massenzuwanderung. Kritik ist die seltene Ausnahme.

Ein von Michael Haller, einem emeritierten Professor der Universität Leipzig, geleitetes Projektteam an der Hamburg Media School hat im Jahr nach der Öffnung der Grenzen für die ungehinderte Zuwanderung rund 34.000 Pressebeiträge ausgewertet, um die Frage zu beantworten, wie deutsche Medien über die Flüchtlingspolitik berichtet haben. „Die Flüchtlingskrise in den Medien" ist die im Juli 2017 von der Otto Brenner Stiftung veröffentlichte Studie überschrieben worden, die im Untertitel mit der Konkretisierung „Tagesaktueller Journalismus zwischen Meinung und Information" das Thema der Arbeit näher umschreibt. Der Terminus „Flüchtlingskrise" ist im Titel in Anführungszeichen gesetzt, die Bezeichnung „Journalismus" hingegen nicht. Die entgegengesetzte Verwendung der Anführungsstriche, also der Verzicht, die Flüchtlingskrise in Anführungszeichen zu setzen und stattdessen den Journalismus mit diesen Zeichen zu versehen, entspräche dem tatsächlichen Ergebnis der Studie, denn von einem Journalismus, der seinen Aufgaben gerecht würde, kann keine Rede sein.[156]

Die Studie zeigt, dass 82 Prozent aller Beiträge über Flüchtlinge in den Tageszeitungen positiv konnotiert gewesen seien, zwölf Prozent ausschließlich berichtend und lediglich sechs Prozent hätten über Probleme der Flüchtlingspolitik berichtet, informiert die „Frankfurter Allgemeine Zeitung" im August 2016 über den vorläufigen Bericht zu den Ergebnissen der Studie.[157] Im endgültigen Haller-Bericht im Juli 2017 fehlen diese deutlichen Erkenntnisse: Die untersuchten Zeitungs-Leitmedien „Frankfurter Allgemeine Zeitung", „Süddeutsche Zeitung" und „Die Welt" hätten demnach zu 58 Prozent neutral berichtet. Der Vorab-Studie zufolge hätten zwei Drittel der Medien „übersehen", dass die

Aufnahme von Flüchtlingen in großer Zahl die Politik der offenen Grenzen die Gesellschaft vor Probleme stellen könne, schreibt die „Frankfurter Allgemeine Zeitung" in ihrem Feuilleton. Auch diese prononcierte Darstellung ist im endgültigen Haller-Bericht entfallen.

Anfänglich hat der Projektleiter noch erklärt, die Wahrnehmung der Bevölkerung sei im Gegensatz zur Medien-Berichterstattung eine andere gewesen, und er weist darauf hin, die Bevölkerung habe durchaus Probleme erkannt. Die Berichterstattung habe dadurch an Glaubwürdigkeit verloren: Aus dem Konsensbegriff der Willkommenskultur sei ein Begriff des Dissenses geworden. Von dieser Wahrnehmung ist im endgültigen Haller-Bericht auch nicht mehr die Rede. Der Professor ist wohl nach ersten Reaktionen auf den Vorbericht zu neuen Erkenntnissen gelangt.

Die Haller-Studie ist das Ergebnis einer monatelangen mühevollen Durchforstung der Medien über ihre Berichterstattung zur Flüchtlingskrise. Ein Blick in die „Neue Zürcher Zeitung" vom 19. September 2015 hätte bereits sehr viel schneller ähnliche Erkenntnisse gebracht, wie sie die Haller-Studie zwei Jahre nach dem Höhepunkt des Migrantenzustroms aufzeigt.[158] Schon in der Zusammenfassung des Zeitungsberichts der „Neuen Zürcher Zeitung" heißt es: „Angesichts der Flüchtlingswelle haben die Medien, besonders in Deutschland, die kritische Distanz verloren. Die Berichterstattung geriet zur Kampagne." Und noch deutlicher beschreibt Heribert Seifert, der Autor dieses Artikels in der „Neuen Zürcher Zeitung", seinen Eindruck im Detail: „In moralischen und emotionalen Ekstasen steigerten sich die deutschen Medien mit wenigen Ausnahmen (so beispielsweise die FAZ, s.u.) in einen Überbietungswettbewerb um Empathie und Willkommenseuphorie hinein." Einseitigkeit sei Trumpf gewesen, nicht mehr gefragt hingegen seien kritische Distanz, genaue Recherche, Fairness bei der Präsentation unterschiedlicher Meinungen sowie ein analytischer Blick auf Folgeprobleme aus dem Flüchtlingszustrom.

Die Folgeprobleme, wie die mangelnde Qualifikation der weitaus überwiegenden Anzahl der Migranten, die Verfeindungen unter den ethnisch und kulturell gemischten Menschen, ihre deutlich höhere Kriminalitätsrate im Vergleich zur einheimischen Bevölkerung oder Fragen, wie eine multikulturelle Gesellschaft aussehen kann, all diese Probleme werden in den Medien kaum thematisiert. „Die Berichterstattung hat viele blinde Flecken", schreibt die „Neue Zürcher Zeitung" dazu.

Diese deutliche Medienkritik wird von einer Schweizer Zeitung geleistet. Die Kritikfähigkeit deutscher Zeitungen ist hingegen nur gering ausgeprägt, jedoch fällt eine Ausnahme auf, die „Frankfurter Allgemeine Zeitung". In dieser Zeitung schreibt der Historiker Jörg Baberowski schon im September 2015, „in der veröffentlichten Meinung ist nur noch von Flüchtlingen die Rede, nicht von illegalen Einwanderern. Der Flüchtling ist verfolgt.

Über ihn darf man nur Gutes sagen. Darüber wissen jene, die über den Wortgebrauch entscheiden, sehr gut Bescheid."[159] Einwände seien im „Reich der Tugendwächter, in das viele Medien und Politiker Deutschland inzwischen verwandelt haben, verboten." Und wer Kritik äußere, müsse sich im schlimmsten Fall den Vorwurf gefallen lassen, er sei „rechts".

Wer eine Ansicht vertritt wie der Berliner Historiker Jörg Baberowski, wird allerdings selbst schnell von Tugendwächtern in die rechte Ecke gestellt. Rechtsradikal und rassistisch sei der Professor, sagt der Allgemeine Studierendenausschuss (AStA) der Universität Bremen, eine Klassifizierung, die von bestimmten Teilen der Medien zustimmend gerne verbreitet wird. Als Beispiel sei hier die „Frankfurter Rundschau" genannt, die neben der Bezeichnung „Rechtsradikaler" für Baberowski auch gleich die Empfehlung ausspricht, Unterstützter des Professors sollten sich von ihm distanzieren.[160] „Der Tagesspiegel" erkennt, dass Baberowski „verschwörungstheoretische und rechtspopulistische Denkfiguren" bedient.[161]

Ein großer Teil der Bevölkerung ist jedoch immun gegen die vorherrschend von den Medien geförderte Indoktrination der Leser und Zuschauer.

Das Publikum ist nicht so dumm, wie viele Medien es annehmen.

Das Institut für Demoskopie Allensbach kommt in einer Erhebung zu dem Ergebnis, dass sich lediglich ein knappes Drittel der Bevölkerung in den Medien „ausgewogen" informiert fühlt, fast die Hälfte der Bevölkerung empfindet die Berichterstattung als „einseitig".[162] Die Asylfrage sei politisch tabuisiert: 43 Prozent der erwachsenen Bevölkerung meinen, „dass man in Deutschland seine Meinung zu der Flüchtlingssituation nicht frei äußern darf und sehr vorsichtig sein muss, was man sagt." Es gibt also eine große Diskrepanz zwischen vorherrschender Nachrichtengebung und subjektiv erfahrener Wirklichkeit, zwischen öffentlicher und veröffentlichter Meinung.

Die Berichterstattung, insbesondere diejenige durch Fotos oder Videos in den Medien, über die Zusammensetzung der zugewanderten Migranten halten 53 Prozent der Befragten für nicht realistisch, nur 25 Prozent der Bevölkerung glauben, dass eine der Wirklichkeit entsprechende Information des Anteils von Familien und jungen Männern oder der Qualifikation der Flüchtlinge vermittelt wird. Nicht verwunderlich ist, dass die Zweifel der Mehrheit an einer realitätsgetreuen Berichterstattung über die soziodemografische Zusammensetzung und Qualifikation der Flüchtlinge eng mit der Bereitschaft korreliert, den Vorwurf der „Lügenpresse" zu unterstützen. 39 Prozent halten diesen Vorwurf für gerechtfertigt, 25 Prozent sind unentschieden oder machen keine Angaben.[163]

Die Umfragedaten zeigen, dass der Berufsstand der Journalisten, gemessen an den Ergebnissen ihrer Arbeit, keine große Reputation genießt. Das ist nicht erst heute so, denn schon 100 Jahre zuvor ist Max Weber zu der Erkenntnis gekommen, dass es „so viele menschlich entgleiste oder entwertete Journalisten gibt", die „der absoluten Verflachung" und „der Würdelosigkeit der Selbstentblößung und ihren unerbittlichen Folgen" verfallen. Max Weber sieht die Ursache des würdelosen Verhaltens darin, dass Journalisten oft bittere Erfahrungen im Berufsleben haben, denn es sei „durchaus keine Kleinigkeit, in den Salons der Mächtigen der Erde auf scheinbar gleichem Fuß, und oft allgemein umschmeichelt, weil gefürchtet, zu verkehren und dabei zu wissen, daß, wenn man kaum aus der Tür ist, der Hausherr sich vielleicht wegen seines Verkehrs mit den „Pressebengeln" bei seinen Gästen besonders rechtfertigen muß." Trotzdem gebe es unter den Journalisten eine große Zahl wertvoller und ganz echter Menschen", tröstet Max Weber seine Zuhörer in seinem Vortrag „Politik als Beruf" im Oktober 1919.[164] Ungeachtet dieser Ausnahmen zählen die politischen Journalisten für Max Weber zu den wichtigsten Repräsentanten der „modernen Demagogie".

Welche Wirkung die „Demagogie" bei der Bevölkerung zeigt, lässt sich sehr gut an Einzelergebnissen der Allensbach-Umfrage erkennen, die bei den Befragten zur Fernsehberichterstattung über das Thema Flüchtlinge eine erstaunliche Kritikfähigkeit der Zuschauer offenbart. 49 Prozent der Bevölkerung meinen, dass zu wenig über die Risiken des Flüchtlingszustroms berichtet wird, ebenfalls 49 Prozent meinen, dass zwar viel berichtet wird, aber wichtige Fakten zu kurz kommen. Kritiker an der Entwicklung der Flüchtlingssituation kommen nach Ansicht von 41 Prozent der Befragten kaum zu Wort. Deutlich mehr als ein Drittel der Befragten (38 Prozent) hat das Gefühl, dass die Fernsehjournalisten das Publikum überzeugen wollen, den Zustrom an Flüchtlingen positiv zu sehen.

Das Allensbacher Institut hat diese Umfrage anhand persönlicher Interviews mit 1.457 Befragten im Zeitraum vom 28. November bis zum 10. Dezember 2015 gemacht. Am Ende des Jahres 2015 gibt noch relativ wenige persönliche Erfahrungen aus der Begegnung mit Migranten, die weiterhin zu Hunderttausenden ins Land strömen. Die Antworten auf die Frage nach der Gefahr durch radikale und terroristische Gruppen (71 Prozent sehen diese Gefahr), Risiken aus der hohen Anzahl der Flüchtlinge (70 Prozent) und einer Befürchtung zu großen islamischen Einflusses (54 Prozent) dürften nach mehreren terroristischen Anschlägen islamistischer Täter bei einer späteren Befragung noch deutlicher ausfallen.

Nur wenige Medien lösen sich aus der Armada beglückender Berichterstattung über den Flüchtlingszustrom.

Zu ihnen gehört gelegentlich die „Welt", die in einem Artikel vom 7. November 2015 unter dem Titel „Die halbe Wahrheit zur Flüchtlingskrise ist zu wenig" sowohl die Medienberichterstattung kritisch betrachtet, als auch Probleme aus dem Zustrom der Flüchtlinge benennt.[165] Ausgehend von den Ergebnissen der oben beschriebenen Allensbach-Untersuchung kritisiert die Zeitung die „Gelingens-Berichterstattung" vor allem des öffentlich-rechtlichen Fernsehens, bei der Probleme meist im Abstrakten gelassen, Chancen dagegen konkret geschildert würden. Grundsätzliche Fragen würden, wenn überhaupt, im Spätabendprogramm gestellt. „Das Bild vom zuwandernden Flüchtling ist geprägt von hilfreichen Ausschnitten, dem anrührenden Kinderschicksal und dem sprichwörtlichen syrischen Arzt, der schon morgen integriert sein könnte, wenn es „nicht so bürokratisch" zuginge", heißt es in dem Artikel.

Die etablierten Medien, die aus Zwangsabgaben der Nutzer finanziert werden, wie das öffentlich-rechtliche Fernsehen, oder die Teil großer Medienhäuser sind, berichten generell selektiv. Als Beispiel für ein großes Medienhaus sei hier nur die Funke-Mediengruppe genannt, zu der in ihrem Print-Geschäftsfeld Tageszeitungen wie das „Hamburger Abendblatt", die „Berliner Morgenpost", die „Neue Ruhr Zeitung" oder die „Westfälische Rundschau" gehören. Diese Zeitungen heißen weithin kritiklos die Flüchtlingspolitik der Bundeskanzlerin gut, sie verbreiten positive Meldungen über die Integration von Flüchtlingen und berichten herausgehoben über Angriffe auf Flüchtlinge, umgekehrt aber finden sie für kriminelle Handlungen von Flüchtlingen, wenn überhaupt, nur für Kurzmeldungen Platz.

Die Beispiele hierfür sind zahlreich. Einige von ihnen sollen die Machart der Medien verdeutlichen.

3.2 Indoktrinierende Berichterstattung

Das „Hamburger Abendblatt" startet im Jahr 2015 das „Redaktionsprojekt mit Flüchtlingen als Reporter", die über die Lage der Flüchtlinge berichten sollen, schreibt die Funke-Mediengruppe auf ihrer Webseite als Medienmitteilung.[166] „Die Ärztin aus dem Irak, der Foto-Journalist und die Politikwissenschaftlerin aus Afghanistan, der Taxifahrer aus Eritrea sowie der Bankkaufmann aus Syrien" sollen mit ihrer Arbeit eine Stimme erhalten, damit wir „nicht nur etwas über sie, sondern vor allem auch über uns erfahren", erklärt der Chefredakteur des „Hamburger Abendblatts", Jörg Haider. Der Leser kann also zur Kenntnis nehmen, dass vor allem Akademiker und gut ausgebildete Menschen als Flüchtlinge nach Deutschland kommen, die uns unsere Gesellschaft erklären. Um die Absurdität dieser Aussage herauszustellen, sollten wir uns vorstellen, Deutsche fahren nach Eritrea oder Afghanistan und vermitteln in den dortigen Zeitungen den Lesern Erkenntnisse über ihre heimische Gesellschaft.

Über die Informationen des Hamburger Senats zum Thema Straftaten von Ausländern in Hamburg im Jahr 2016 berichtet das „Hamburger Abendblatt" korrekt (fast 10 Prozent aller Strafverdächtigen sind Asylbewerber, bei einem Anteil von knapp 3 Prozent an der Bevölkerung), stellt jedoch sofort die Richtigkeit der Statistik des Senats in Frage. Mit der Überschrift „Statistik ist umstritten" relativiert das „Hamburger Abendblatt" bereits zu Beginn des Artikels und meldet, dass zwar bei der Gewaltkriminalität Flüchtlinge überproportional auffallen, aber in anderen Kriminalitätsfeldern fast 90 Prozent der Flüchtlinge unbescholten sind. Hervorgehoben wird damit, dass Flüchtlinge bis auf wenige Ausnahmen unbescholten sind.[167]

Wenn etwas „umstritten" ist, wird eine Information relativiert und unterschwellig eine entgegengesetzte Botschaft vermittelt.

Die Bezeichnung „umstritten" des „Hamburger Abendblatts" im Zusammenhang mit dokumentierten Straftaten von Ausländern ist, dies sei am Rande eingefügt, eine bei den Medien sehr beliebte Verwischung des Blicks auf die Wirklichkeit, denn mit dieser Vokabel wird eine eindeutige Information vernebelt. So heißt es: „Die Frage nach der Altersfeststellung bei jungen Flüchtlingen ist umstritten" („Focus", 10. Januar 2018), „Abschiebungen nach Afghanistan sind umstritten" („Die Welt", 10. Januar 2018), „Das Thema Auffanglager ist umstritten" (Deutschlandfunk, 27. Januar 2017), „Die Wohnsitzzuweisung bleibt besonders umstritten" (Deutschlandfunk, 24. Mai 2016), oder „In Deutschland sind die Abschiebungen umstritten" („Tagesspiegel, 23. Februar 2017). Hinter diesen Beispielen, die sich in unübersehbarer Anzahl bei kurzer Suche über Google finden lassen, steht die Absicht der Medien, eine Sachinformation zu relativieren und auf diesem Wege eine eigene Meinung, keine Information, unter die Leser zu bringen. Die aufgeführten Medien sind gegen Abschiebungen, gegen Wohnsitzzuweisungen, gegen Auffanglager, gegen eine Altersfeststellung junger Migranten und das „Hamburger Abendblatt" sieht nur eine geringe Kriminalität bei Ausländern. Information und Meinung werden miteinander verquickt, indem die Meinung versteckt hinter einem „Umstritten" unterschwellig übermittelt und der Leser auf den richtigen Weg gebracht wird.

Absurd ist die kritiklose ausufernde Berichterstattung zahlreicher Medien über unsinnige Bemerkungen des Bundespräsidenten Gauck, der in einer Rede zum Gedenktag für die Opfer von Flucht und Vertreibung im Deutschen Historischen Museum am 20. Juni 2015 erklärt hat, nach dem Zweiten Weltkrieg hätten Flüchtlinge und Vertriebene geholfen Deutschland wieder aufzubauen und jetzt hätte das Land neue Chancen durch die Migration: „Vor 70 Jahren hat ein armes und zerstörtes Deutschland Millionen Flüchtlinge zu integrieren vermocht. Warum sollte (…)

Deutschland nicht fähig sein, in gegenwärtigen Herausforderungen die Chancen von morgen zu erkennen."[168] Dieser abwegige historische Vergleich negiert den Unterschied zwischen deutschen Heimatvertriebenen und fremdsprachigen Migranten, in der Mehrzahl Fast-Analphabeten aus rückständigen Ländern, die von Gewalt und Unterdrückung geprägt sind und häufig von kriminellen Clans beherrscht werden. Die Medien bemerken den schiefen Vergleich nicht und berichten ausnahmslos positiv über die Sottisen des Bundespräsidenten.

Im öffentlich-rechtlichen Fernsehen wird grundsätzlich staatstragend berichtet, gelegentlich wird auch die nicht genehme Wirklichkeit ausgeblendet und durch sehr spezielle Wahrnehmungen ersetzt.

Die „Tagesschau" manipuliert unverhohlen. Der Chefredakteur hält das für richtig.

Der „ARD aktuell"-Chefredakteur Kai Gniffke bestätigt unumwunden: „Wenn Kameraleute Flüchtlinge filmen, suchen sie sich Familien mit kleinen Kindern und großen Kulleraugen." Der Chefredakteur für die „Tagesschau" und „Tagesthemen" weiß auch um die Realität, denn er ergänzt, dass „80 Prozent der Flüchtlinge junge, kräftig gebaute, alleinstehende Männer sind."[169] In der „Tagesschau" bemerkt der Zuschauer jedoch keine Umsetzung dieser Erkenntnis. Bis heute sehen kleine Kinder mit Kulleraugen den Zuschauer an. Der Chefredakteur des durch Zwangsabgaben finanzierten öffentlich-rechtlichen Fernsehens billigt offensichtlich die skandalöse Manipulation.

Wenn gerade einmal keine passenden aktuellen Bilder vorhanden sind, greift die „Tagesschau" ins Archiv.[170] In Berlin haben im Jahr 2003 über 100.000 Menschen eine Lichterkette für Frieden und gegen den Irakkrieg gebildet. Ein Film über eine Lichterkette für Flüchtlinge im Jahr 2015 zeigt jedoch nur Bilder von der Berliner Siegessäule, an der etwa zehn Menschen ziemlich verloren herumstehen, so dass anstelle aktueller Bilder der Film aus dem Jahr 2003 gesendet wird, denn, unglaublich, für wie manipulierbar der Zuschauer gehalten wird, wenn 2015 eine Lichterkette für Flüchtlinge zustande käme, könnte es so aussehen, wie im Jahr 2003, heißt es im Konjunktiv als Begründung der „Tagesschau" zu dieser Manipulation.

Der Medienjournalist Stefan Niggemeier erklärt das Vorgehen damit, es sei „ein normaler journalistischer Reflex, die attraktiveren Bilder vorzuziehen", fügt aber auch hinzu, dass man über die Sinnhaftigkeit des Sendebeitrags in der „Tagesschau" angesichts der relativ geringen Teilnehmerzahl der Demonstranten diskutieren könne. Mit Letzterem hat Stefan Niggemeier recht, jedoch nicht mit seinem Verständnis dafür, „attraktivere Bilder vorzuziehen". Es handelt sich bei der Manipulation in der „Tagesschau" um den Versuch, eine Demonstration, die zum Zeitpunkt der Aufzeichnung des Sendebeitrags aus wenigen Teilnehmern besteht und am Ende etwa 6000 Teilnehmer umfasst, zu einer Großdemonstration von über 100.000 Menschen aufzublasen. Die Zuschauer werden belogen. Und ein Medienjournalist äußert Verständnis.

Die „Tagesschau" hat es regelmäßig vermieden, über Morde, begangen von Migranten in Deutschland, zu berichten. Der „Tagesschau"-Chefredakteur Kai Gniffke hat eine spezielle Erklärung für die Auswahl der Themen der „Tagesschau" und den Verzicht auf die Übermittlung von Gewalttaten, denn die Morde seien kein „gesellschaftliches Phänomen", also „ohne nationale oder internationale Relevanz".[171] Anlass für seine Bemerkung war das in die Kritik geratene Schweigen der „Tagesschau" über einen bestialischen Mord, verübt von einem afghanischen Migranten an einer 19-jährigen Freiburger Studentin im Oktober 2016. Über Morde an Schwarzen in den USA berichte die „Tagesschau" hingegen deshalb, weil es dort das „Phänomen der Rassendiskriminierung" gäbe, erklärt der Chefredakteur. Morde in Freiburg (Täter Hussein K., Alter unbekannt), in Kandel (Täter Abdul Mobin D., Alter unbekannt), in Köln („Ehrenmord", türkischstämmiger Täter), in Hanau (Täter Mohammed H., 26) oder in Oldenburg (Täter Helal A. H., 22) sind jedoch nur Einzelfälle und kein „gesellschaftliches Phänomen". Diese Morde passen nicht in das von der „Tagesschau" gerne übermittelte Weltbild der Bereicherung der Gesellschaft durch Migranten.

Beglückende Filme im Kinder-Fernsehen: Eine minderjährige Deutsche und ein erwachsener bärtiger Muslim lieben sich, und junge Migranten leben im Schloss.

Der „Kika", der Kinderkanal der öffentlich-rechtlichen Rundfunkanstalten ARD und ZDF, hat sich bei der Darstellung einer heilen Welt im Zusammenleben von Migranten und Deutschen besonders hervorgetan. „Malvina, Diaa und die Liebe" heißt die Sendung vom 26. November 2017, in der Malvina (angeblich 16 Jahre alt, vermutlich jedoch noch 14 Jahre alt) und ihr erst als 17-jähriger, nach Korrekturen auf der Webseite des Kinderkanals später als 19-jähriger, dann als 20-jähriger ausgegebener syrischer Freund Diaa über ihre Liebe berichten. Allerdings sieht Diaa, mit Vollbart und üppig behaarter Brust, eher wie ein gestandener Mann in der zweiten Hälfte der Zwanziger aus. Das ursprünglich angegebene Alter von 17 Jahren für den Bärtigen ist dem Kinderkanal wohl doch zu peinlich geworden, so dass eine vorsichtige Altersanpassung angezeigt war. „Malvina und Diaa schauen in eine glückliche Zukunft", übermittelt der Kinderkanal den zuschauenden Kindern, denn der Bärtige, mit richtigem Namen Mohammed Diayadi, macht deutlich, dass Malvina sich Unterhaltungen mit anderen von ihm genehmigen lassen muss, dass sie keine kurzen Kleider tragen darf, keine anderen Menschen umarmen und kein Schweinefleisch essen darf. „Ich bin in einer arabisch-islamischen Kultur aufgewachsen", erklärt Diaa, „ich glaube an meine Kultur und Religion. Die Religion zeigt dir Regeln, die musst du einhalten, das ist ein Prinzip zu leben. Ohne Religion keine Regeln, also kein Leben." Folgerichtig verkündet Diaa seinen Wunsch, dass seine junge Liebe zum Islam konvertier. Dem Glück des Paares steht nichts im Wege.

Kritik an der Tatsache, dass in einer Sendung für Kinder dargestellt und verglorifiziert wird, wie ein christlich aufgewachsenes Kind eine Liebesbeziehung zu einem viel älteren muslimischen Zuwanderer erlebt, der versucht, das Kind zu indoktrinieren, diese Kritik kann nur aus der „rechten Ecke" kommen, wie der Norddeutsche Rundfunk herausgefunden hat.

Der NDR, der die vom Hessischen Rundfunk für den Kinderkanal produzierte Sendung und die Reaktionen darauf in einem Beitrag des Magazins „Zapp" („Malvina, Diaa und der Shitstorm", 17. Januar 2018) kommentiert, findet „rechte Blogger", einen AfD-Abgeordneten, „Internet-Hetzer" und die „Bild"-Zeitung, die das Thema in einer „medialen Empörungswelle hochschreiben". Offenbar ein „gefundenes Fressen" für Kritiker, bemerkt „Zapp", Kritiker, die nichts anderes als einen „Shitstorm" verursachen. Kein Wort wird darüber verloren, ob die Kritiker womöglich recht haben könnten. Aber eine Ermahnung hat die verantwortliche Fernsehdirektorin des Hessischen Rundfunks für alle Kritiker parat: Sie sollten nicht bei den „Hetzkampagnen" mitspielen. Wie immer wird Kritik an der jubelnden Berichterstattung über Muslime als rechte Hetze klassifiziert.

Der Westdeutsche Rundfunk informiert Migranten, auch diejenigen, die es erst noch werden wollen, in vier Sprachen, Deutsch, Englisch, Persisch und Arabisch, darüber, welche Möglichkeiten die Zuwanderer haben, am Rande der Legalität in Deutschland bleiben zu können („WDRforyou").[172] Seit dem 26. Oktober 2017 haben die Zuschauer die Möglichkeit, in Deutsch und Arabisch zu sehen, wie sie es am besten anstellen, dass sie entgegen der Regeln des Dublin-Abkommens auch dann in Deutschland bleiben können, wenn sie über ein sicheres Drittland in die Bundesrepublik Deutschland eingereist sind. Sie müssten lediglich sechs Monate im Land sein, denn dann dürften sie nicht mehr in das erste Land zurückgeschickt werden. Innerhalb einer Woche haben 400.000 Menschen diesen Beitrag der öffentlich-rechtlichen Rundfunkanstalt angesehen. Um einer vermuteten Empörung der Zuschauer entgegenzuwirken, weist der WDR darauf hin: „Wir möchten alle User eindringlich darauf hinweisen, dass wir beleidigende, rassistische und diskriminierende Kommentare (…) nicht dulden."

Wie es Jusef aus Syrien und Hamed aus Afghanistan ergehen, ist ab dem 21. Oktober 2017 beim „WDRforyou" zu sehen. Die beiden sind seit zwei Jahren in einem Privatinternat in Hamm untergebracht, einem Schloß mit großem Park. Gezeigt werden die beiden Migranten, wie sie durch den Park gehen, die Schlosstreppe emporsteigen und durch die prächtigen Schlossflure wandeln. Auf die Information, dass nicht alle Menschen in Deutschland im Schloss leben, hat der WDR verzichtet.

Das Video wird auf Persisch erläutert, untermalt von klassischer Musik. Die Kosten für die Unterbringung von monatlich 4.000 Euro pro Person übernimmt die Stadt Hamm, erfährt der Zuschauer. Raoul Termath, Leiter des Jugendamts Hamm, hält diese Kosten für „günstig", verglichen mit anderen Einrichtungen, in denen die monatlichen Kosten bei 6.000 Euro pro Person liegen, sagt der Jugendamtleiter. Die Stadt Hamm kann sich eine komfortable Unterkunft der Migranten leisten, denn der Schuldenstand der Stadt beträgt lediglich 2.327 Euro pro Einwohner.[173]

Am 12. Oktober 2017 zeigt „WDRforyou", dass Isabel Schayani mit ihrer Fernseh-Redaktion den Hanns-Joachim-Friedrichs-Preis gewonnen habe, „WDRforyou" sei Aufklärung ganz im Sinne von Hanns Joachim Friedrichs, heißt es in der Begründung zur Preisverleihung. Der WDR-Intendant Tom Buhrow freut sich mit dem Redaktionsteam: „WDRforyou gibt wichtige Impulse für die gesellschaftliche Debatte zur Integration von Flüchtlingen." Flüchtlinge fänden wertvolle Orientierung und Informationen, die ihnen helfen könnten, in Deutschland heimisch zu werden. Warum deutsche Zuschauer mit ihren Gebühren die Aktionen des WDR finanzieren sollen, Deutschlands Vorzüge als Einwanderungsland herauszustellen, sagt der WDR nicht.

Flüchtlinge sind ein Gewinn und niemandem wird etwas weggenommen, vermitteln führende Printmedien.

Die „Süddeutsche Zeitung" freut sich über alle Zuwanderer, die ins Land strömen, egal, ob es Asylsuchende oder ob es Wirtschaftsflüchtlinge sind, die ein besseres Leben suchen. Die Bundeskanzlerin „hätte lernen können, dass Flüchtlinge, aus welchen Gründen auch immer sie nach Deutschland kommen, für Deutschland ein Gewinn sind. Wer Asylgründe hat, soll Asyl bekommen. Wer der wirtschaftlichen Not entfliehen muss, vor Armut und Hunger, oder einfach nur ein besseres Leben sucht, für den muss ein großzügiges Einwanderungsgesetz geschaffen werden."[174] Diese undifferenzierte Aussage des Autors Thorsten Denkler, allen Zuströmenden, also vielen Millionen Menschen, die Tore zu öffnen, ist nicht ein Zeugnis großer Geisteskraft, wird jedoch von der Redaktion der „Süddeutschen Zeitung" offensichtlich goutiert.

In der SPD-Parteizeitung „Vorwärts" schreibt Sigmar Gabriel, der Stellvertreter der Bundeskanzlerin und Bundesminister für Wirtschaft und Energie der Bundesrepublik Deutschland im Juli 2015, dass die Flüchtlinge „ein Gewinn für Deutschland sind, weil sie uns kulturell bereichern, den demographischen Wandel abmildern, den Fachkräftemangel lindern und unserem sozialen Sicherungssystem mehr Stabilität verleihen."[175] In der Original-Diktion des SPD-Vorsitzenden Gabriel vermittelt er den „Sozialdemokratinnen und Sozialdemokraten", „Zuwanderung ist keine Bedrohung." Und er bedankt sich für das Engagement der „Sozialdemokratinnen und Sozialdemokraten", wissend, dass vor allem „Sozialdemokratinnen und Sozialdemokraten" sich „denen entgegenstellen, die nur Probleme sehen, wo es doch um Menschen geht." Warum, beispielsweise, das soziale Sicherungssystem durch die ungesteuerte Massenimmigration hunderttausender Menschen mehr Stabilität erfahre, erläutert Gabriel den „Demokratinnen und Demokraten" nicht. Ihm genügt die unbegründete Behauptung einer eigenwilligen Wahrnehmung.

Die „Zeit" schreibt euphemistisch unter der Überschrift „Aus Asylländern kommen zahlreiche Fachkräfte", dass 60 Prozent der aus Asylländern stammenden Beschäftigten als Fachkraft arbeiten, wie es im Untertitel heißt.[176] Das zu diesem Bericht veröffentlichte Foto zeigt einen „syrischen Flüchtling bei der Ausbildung", der sich interessiert über eine Werkzeugmaschine beugt. Leser, die sich angesichts der positiven Überschrift mit Einzelheiten beschäftigen wollen, werden bald enttäuscht sein, denn es werden Zahlen genannt, die nicht erkennbar werden lassen, wieviele der Fachkräfte, zu denen die „Zeit" auch solche zählt, die keine zweijährige Ausbildung aufweisen, zu den Flüchtlingen gehören („nicht alle sind Flüchtlinge"). Zudem wird als Grundgesamtheit nur die Zahl der Beschäftigten herangezogen, denn diejenigen, die Hartz IV beziehen, die überwältigende Mehrheit, werden aus der Betrachtung von vornherein ausgeschlossen. Hier wird unter Vorspiegelung einer von Zahlen untermauerten Genauigkeit bewußt mit dem Ziel gelogen, die Leser zu beruhigen. Dieser „Zeit"-Artikel ist das kennzeichnende Beispiel einer Manipulation.

„Der Tagesspiegel" erfährt vom CDU/CSU-Fraktionsvorsitzenden Volker Kauder im Interview: „Niemandem wird etwas weggenommen, weil Flüchtlingen geholfen wird."[177] Bei dieser glatten Lüge kommen die Interviewer Stephan Haselberger und Antje Sirleschtov nicht auf die Idee nachzufragen, wer denn die veranschlagten, aber nicht ausreichenden (s.o.) 25 Milliarden Euro jährlich für die Migranten aufbringen soll, wenn nicht der Steuerzahler. Die Überschrift zu diesem Interview hebt stattdessen hervor: „Niemandem wird etwas weggenommen", die Lüge wird prominent vom „Tagesspiegel" verbreitet. Im ZDF sagt Maybrit Illner im Oktober 2016 im Gespräch mit Alexander Gauland und Justizminister Heiko Maas immerhin, dass irgendwer die Milliarden für die Immigranten aufbringen müsse, lässt jedoch die Aussage des SPD-Ministers unkommentiert, dass niemandem etwas weggenommen würde. „Die Milliarden für die Integration wurden in diesem Land erwirtschaftet und wurden niemandem weggenommen", heißt es in der absurden Rede des Ministers.

Die Einflüsterungen der Medien haben Methode:
Gaslighting heißt die Desorientierung.

Für die mit sorgsam differenzierter Sprache und die mit einseitiger Sichtweise auf den Migrantenzustrom betriebene Desorientierung und Manipulation der Leser und Zuschauer der Medien, kennt die Psychologie die Bezeichnung Gaslighting. „Gas Light" heißt das Schauspiel des britischen Dramatikers Patrick Hamilton aus dem Jahr 1938, das zeigt, wie eine Frau von ihrem Ehemann durch Manipulation ihrer Umgebung in den Wahnsinn getrieben werden soll. Der Titel des Stücks beruht auf einer Szene, in der der Ehemann das Gaslicht herunterdimmt und seiner Frau einredet, das Licht habe sich nicht verändert. Sie zweifelt an ihrem Verstand.

Gaslighting wird subtil betrieben, in der Regel mit einer schleichenden Entwicklung, in der es das Ziel ist, die Betroffenen allmählich immer weiter zu desorientieren, indem die Täter Halbwahrheiten oder Lügen verbreiten, bestimmte, für ihr Ziel nützliche Informationen in den Vordergrund stellen oder Informationen, die die Zielerreichung gefährden könnten, zurückhalten. Erfolgreiches Gaslighting bewirkt, dass die Opfer ihrer eigenen Wahrnehmung nicht mehr trauen, ihren Verstand in Frage stellen und die Einflüsterungen der Täter übernehmen.

Als Musterbeispiel für Einflüsterungen nach der Methode Gaslighting kann wiederum die „Zeit" herangezogen werden, die ihre Leser permanent mit jeder neuen Ausgabe der Wochenzeitung indoktriniert. Erkenntnisse des Chefredakteurs dieser Zeitung, Giovanni die Lorenzo, fehl gehandelt zu haben in der „Berichterstattung" über die Migration, sind zwar wohlfeil, aber ohne bleibende Wirkung, denn die Zeitung bleibt bei ihrer bewährten Einflussnahme, gesinnungsstark und immer mit der richtigen Gesinnung.

In einem Interview mit dem Medien-Branchendienst „Turi2" kommt di Lorenzo zu der Erkenntnis, die „Zeit" habe eine ganze Weile dazu tendiert, sich zu Mitgestaltern der Flüchtlingsbewegung zu machen, sich aber nicht konzentriert auf die Rolle der Beobachtung. Als Beispiel für diese Haltung benennt di Lorenzo die Titelgeschichte mit der Überschrift „Willkommen!" und einem dazu gehörenden Leitartikel, der das „Willkommen!" noch verstärkt habe.[178] Die „Zeit" beschreibt am 16. Juli 2015 in ihrem Artikel „Geschichten aus einem Land, das Fremden die Hand reicht" ausführlich den eher seltenen Fall der Flucht einer Familie mit drei Kindern, nicht aber über den Massenansturm junger Männer.

Kritische Medien melden sich auch zu Wort, sie sind allerdings eine Minderheit und haben im Vergleich zu den Massenmedien, vor allem dem öffentlich-rechtlichen Fernsehen, nur einen geringen Einfluss. „Cicero", das „Magazin für politische Kultur", schreibt am 16. September 2015 unter der Überschrift „Die Sprücheklopferin", die Bundeskanzlerin habe mit ihrem „Wir schaffen das!" einen mehrdeutigen und inhaltsleeren Spruch verbreitet und solle endlich den Bürgern in der Flüchtlingsfrage reinen Wein einschenken.[179] Das Ärgernis an Angela Merkels seltsam erratischer Flüchtlingspolitik sei die Inhaltsleere ihrer markanten Sprüche, die darauf abgerichtet seien, in die Geschichtsbücher einzugehen.

Die Wirkung von „Cicero" und anderer allerdings nur einzelner kritischen Stimmen wird jedoch angesichts des vielstimmigen Chors der jubelnden Medien über die Migration gering sein. Die „Dissonanzen" Weniger werden überhört.

3.3   Die Sprache der Medien

Noch einmal möchte ich auf die Sprachanalysen Victor Klemperers zurückkommen.

In seinem Buch „LTI", dem „Notizbuch eines Philologen", hat Victor Klemperer, der Literaturwissenschaftler, Germanist und Romanist, die Entwicklung der Sprache eines politischen Systems durchleuchtet, vermutlich nicht ahnend, Klemperer starb 1960, dass zahlreiche seiner Beobachtungen fast 60 Jahre später an Aktualität nicht eingebüßt haben. „LTI" die „Lingua Tertii Imperii" ist die Sprache des Dritten Reiches, die Sprache des Natio-nalsozialismus.[180]

Während der Zeit der Weimarer Republik gab es, wie Klempe-rer schreibt, eine so weitgehende literarische Freiheit, dass „die ganz wenigen Fälle des Mundtotmachens als Ausnahmen gelten müssen." Erst 1933, mit dem Nationalsozialismus, begann die „Armseligkeit der uniformierten Sklaverei, die ein Hauptcharak-teristikum der LTI ausmacht." Die LTI wäre, allmächtig zwar, vor allem durch Armut gekennzeichnet, denn, gedruckt oder gespro-chen, gab es „dasselbe Klischee und dieselbe Tonart." Durch „millionenfache Wiederholungen" von Einzelworten, Redewen-dungen und Satzformen wurde eine Ideologie verbreitet, die „me-chanisch und unbewußt" übernommen wurde. Die LTI lenkte das Gefühl und steuerte das ganze seelische Wesen. Sie war „ganz darauf gerichtet, den einzelnen um sein individuelles Wesen zu bringen" und ihn in eine bestimmte Richtung zu bringen.

Medienmacher geben Formulierungshilfen. Die Kol-legen sollen nicht vom richtigen Weg abkommen.

Ohne Zweifel wird heute keine „uniformierte Sklaverei" in den Medien betrieben. Allerdings gibt es Auffälligkeiten, die in der Sprache und Diktion zahlreicher Medien einen gewissen Gleichklang erkennen lassen.

Dafür leistet der „Mediendienst Integration" von Zeit zu Zeit Hilfestellungen für Journalisten dahingehend, in der „Flüchtlingsdebatte die wichtigsten Begriffe für den Journalisten-Alltag" aufzubereiten, damit die Fachbegriffe nicht länger „uneindeutig" verwendet werden.[181] Das „Serviceangebot" des Mediendienstes wird unter anderem finanziert von der Beauftragten der Bundesregierung für Migration, Flüchtlinge und Integration, der schon in diesem Buch gewürdigten Aydan Özuguz, und der Amadeu Antonio Stiftung. Vorsitzende der Amadeu Antonio Stiftung ist die „Menschenrechtsaktivistin" Anetta Kahane. Den Ehrentitel „Menschenrechtsaktivistin" erhält sie, von wem auch immer verliehen, in Wikipedia. Andere, wie „Die Welt", sehen in ihr vor allem eine besonders aktive Stasi-Agentin, deren Stasi-Akte „IM Victoria" fast 800 Seiten umfasse.[182]

Der „Mediendienst Integration" gibt in seiner Liste der Begriffserläuterungen subtile Hinweise dazu, in welchem Kontext einzelne Wörter stehen. So erfahren die Journalisten, dass „Geduldete (…) in der ständigen Sorge (leben), das Land verlassen zu müssen." Der Begriff „Flüchtling" sei ungenau, so dass der Mediendienst den Journalisten empfiehlt, generell die Begriffe „Geflüchtete" oder „Schutzsuchende" zu verwenden. Den Begriff „Illegale" für solche Menschen, die sich unkontrolliert oder ohne gültige Papiere im Land aufhalten, hält der Mediendienst für unangebracht, weil „Illegalität mit Kriminalität assoziiert" werde.

Mit diesem letzten Hinweis zeigt sich der „Mediendienst Integration" in Übereinstimmung mit einer anderen Institution, die Hinweise zu einem korrekten Sprachgebrauch gibt, dem eingetragenen Verein „Neue Deutsche Medienmacher", der deutlich macht, der Begriff „Illegale Migranten" werde in „rechtspopulistischen Kreisen" benutzt. Besser wäre es beispielsweise, so eine der vorgeschlagenen „Formulierungshilfen für die Berichterstattung", von „undokumentierter Migration" zu sprechen. Die „Neuen Deutschen Medienmacher" halten den von den Behörden verwendeten Begriff „Rückführung" für die Ausreise abgelehnter Asylbewerber in Übereinstimmung mit Flüchtlingshilfsorganisationen für euphemistisch, weil „Polizeibeamt*innen" polizeiliche Gewalt anwenden. Stattdessen solle die Bezeichnung „Abschiebung" benutzt werden.

„Wirtschaftsflüchtling" ist nach Darstellung der „Neuen Deutschen Medienmacher" eine abwertende Bezeichnung, die der Tatsache, dass die Anerkennungsquoten für „Schutzsuchende" gestiegen seien, entgegensteht. Wenn Menschen „aus wirtschaftlichen Gründen einreisen", kann von „Arbeitseinwanderung" gesprochen werden. Der negativ konnotierte Begriff „Asylanten" sollte besser vermieden werden, weil damit zum Ausdruck komme, „Geflüchtete" würden als Bedrohung oder Belastung betrachtet. Die geeignete Bezeichnung sei „Geflüchtete" oder „Schutzsuchende".

Die Bezeichnung „Asylkritiker" sei ebenfalls ein euphemistischer Begriff, befinden die „Neuen Deutschen Medienmacher". Denn tatsächlich handele es sich nicht um Kritiker, denn „Asylkritiker*innen/-gegner*innen" äußern sich „rechtsextrem oder rassistisch" und können „als verfassungsfeindlich eingestuft werden." Die Nachrichtenagentur dpa verwende deshalb bereits seit Juli 2015 den Begriff „Asylkritiker" nicht mehr.

Noch einmal: Wer die Asylpolitik kritisiert, kann als Verfassungsfeind eingestuft werden, urteilen die „Neuen Deutschen Medienmacher".

Die Bezeichnung „Fremdenfeindlichkeit" solle auch nicht mehr gebraucht werden, empfehlen die die „Neuen Deutschen Medienmacher", weil sie ungenau sei. Präziser sei es, die als Fremdenfeindlichkeit benannte Gesinnung als „rassistisch, rassistisch motiviert, rechtsextrem oder neonazistisch" zu bezeichnen.

Und in diesem Sinn geht es weiter.

Die Straftaten von Ausländern sollen nicht als „Ausländerkriminalität" bezeichnet werden, sondern allgemein für alle deutschen und ausländischen Täter unter dem Begriff „Kriminalität" zusammengefasst werden. In der Kriminalitätsberichterstattung soll der Begriff „Bande" mit dem Zusatz „aus Südosteuropa" vermieden werden, um Roma nicht zu diskriminieren. „Clan" oder „Großfamilie" sind Bezeichnungen, die auf Einwanderer hinweisen und sollen deshalb ebenfalls nicht benutzt werden.

„Fundamentalist" ist ein „umstrittener Begriff", bei dem es fraglich ist, ob er für Haltungen im Islam angewendet werden kann. Daher sei es besser, von „konservativen Muslimen" oder „traditionell gläubigen Muslimen" zu sprechen.

Die Wirkung der Formulierungsvorschläge der „Neuen Deutschen Medienmacher" ist offensichtlich, wie ein Blick in die Zeitungen oder ins Fernsehen zeigt. Der Sprachgebrauch ist weitgehend uniform.

Die Eigendarstellung des Vereins ist jedoch eine gänzlich andere, denn die „Neuen Deutschen Medienmacher" setzen sich für mehr Vielfalt in den Medien ein, wie sie auf ihrer Webseite herausstellen. „Guter Journalismus ist immer vielfältig", erfährt der interessierte Besucher der Webseite. Mehr als die Hälfte der „mitwirkenden" (Bezeichnung aus der Eigendarstellung des Vereins) 46 Vereinsmitglieder, die prominent auf der Webseite des Vereins herausgestellt werden, sind im öffentlich-rechtlichen Rundfunk tätig, wie beispielsweise im NDR, im Deutschlandfunk, ARD Aktuell, ZDF oder im WDR.

Unter der Überschrift „Im Anfang ist das Wort" stellen drei Autoren der „Neuen Deutschen Medienmacher" in der Zeitschrift „Sprachreport" des Instituts für Deutsche Sprache heraus, dass es unter Journalisten einen „hohen Bedarf an Orientierung" gebe.[183] Und die „Orientierung" liefern sie gleich mit, denn der Begriff „Flüchtlingskrise" in der Asyldebatte 2016 sei völlig verfehlt, denn nicht Flüchtlinge hätte eine Krise verursacht, sondern der deutsche Staat habe sich mit Gesetzen und Strukturen nur unzureichend vorbereitet, so dass eher von einer „Asylgesetzkrise" gesprochen werden sollte. Die Sprachwächter machen auch vor dem Bundesjustizminister Heiko Maas (SPD) nicht halt, der die „Sylvesterereignisse" in Köln 2015 („Ereignisse", so nennen die Autoren die massenhaften Vergewaltigungen und Vergewaltigungsversuche, Körperverletzungen und Diebstähle durch Migranten) als „Zivilisationsbruch" bezeichnet hat, denn diese Bezeichnung sei „ein beredtes Beispiel für eine hysterische Entgleisung."

„Aus der rechten Propagandakiste" stammt nach Erkenntnis der „Neuen Deutschen Medienmacher" nicht nur der von Heiko Maas identifizierte „Zivilisationsbruch", sondern auch Bezeichnungen wie „Islamkritik", „Einwanderungswelle", „Völkerwanderung", „Burka-Verbot" oder „Kinder-Ehen". Die Liste der Tabu-Ausdrücke ist noch wesentlich länger und kann hier nicht annähernd in ihrem tatsächlichen Umfang dargestellt werden. Es ist auch schwierig, einen aktuellen Status festzustellen, denn die „Neuen Deutschen Medienmacher" versprechen, und sie halten ihr Versprechen, immer neue Listen mit verbotenen Wörtern zu veröffentlichen. Übrigens: „Kolleginnen und Kollegen" nehmen die Formulierungshinweise der „Neuen Deutschen Medienmacher" überwiegend positiv auf, loben die Autoren ihr eigenes Werk und verweisen darauf, dass Kritik nur von denen geäußert wird, die „gar keine Journalisten sind" und die, wie ich wage hinzuzufügen, natürlich aus der rechten Ecke kommen.

Mit ihrer Hilfestellung zur richtigen Verwendung oder Vermeidung bestimmter Wörter betreiben die „Neuen Deutschen Medienmacher" nicht nur eine sprachliche Einengung, sondern auch Meinungsmache, denn jedes erlaubte oder verbotene Wort ruft gewünschte oder zu vermeidende Assoziationen bei den Lesern oder Zuschauern der Medien hervor. Dass diese Meinungsmache im Sinne der Regierenden sein dürfte, kann ein Blick auf die Liste der Förderer dieser Lobbygruppe erhellen.

Mehrere Bundesbehörden bedenken die Medienmacher-Lobbyisten mit Steuergeldern, so das Bundesministerium für Familie, Senioren, Frauen und Jugend, das Amt der Beauftragten der Bundesregierung für Migration und Flüchtlinge, das Bundesamt für Migration und Flüchtlinge, das Auswärtige Amt und die Bundeszentrale für politische Bildung. Öffentlich-rechtliche Rundfunkanstalten gehören zu den Partnern der Lobbyisten, wie beispielsweise das ZDF oder Deutschlandradio. Außerdem fördern die Heinrich-Böll-Stiftung und die Amadeu Antonio Stiftung, die auch Bundeszuschüsse erhalten, die „Neuen Deutschen Medienmacher", so dass am Ende aus zahlreichen Quellen öffentliche Gelder in diese Gruppe fließen.

Das Ziel des Vereins der Medienmacher, „Sensibilität in der journalistischen Arbeit und Berichterstattung" (§ 2 der Satzung) zu unterstützen, dürfte, zumindest im Sinne der Partner und Förderer, erreicht sein, denn die Medienmacher sind weitgehend erfolgreich in der Volksaufklärung, für die es in den Jahren 1933 ff. in Deutschland sogar ein eigenes Ministerium gab.

3.4 Der Umgang der Medien mit Kritik

Peter Sloterdijk, Rüdiger Safranski, Botho Strauß und andere äußern Kritik an Medien und Politik.

Der Philosoph Peter Sloterdijk bezeichnet den Zustand des Journalismus im Gespräch mit dem Magazin „Cicero" als „Verwahrlosung", denn das Bemühen um Neutralität sei gering. Die „zügellose Parteinahme" trete allzu deutlich hervor.[184] Dabei seien die „angestellten Meinungsmacher" nicht nur käuflich, sondern sie lügen auch. „Der Lügenäther ist so dicht wie seit den Tagen des Kalten Krieges nicht mehr", stellt der Kritiker Sloterdijk fest. Und er ergänzt, wenn die deutsche Regierung mit ihrer Politik des „Souveränitätsverzichts" weitermache, könne eine „Überrollung Deutschlands" nicht mehr aufgehalten werden.

Rüdiger Safranski, ebenfalls Philosoph wie sein Freund Peter Sloterdijk, äußert sich ähnlich kritisch. Angesichts der ungehinderten Zuwanderung von Migranten räche sich jetzt, dass es nie eine „vernünftige Debatte zur Leitkultur" gegeben habe, „dass unsere Verfassung über der Scharia stehen muss", sagt er im Ge-

spräch mit Matthias Matussek.[185] „Mediale Schlachtenbummler"
hat Safranski ausgemacht, moralisch hoch motiviert, aber ahnungslos.

Der Schriftsteller Botho Strauß schreibt im „Spiegel", dank
der Einwanderung der Entwurzelten werde Schluss sein mit der
Nation und der deutsche Schriftsteller müsse die Auslöschung der
ästhetischen Überlieferung erdulden.[186] „Palmyra, auch hier",
schreibt Strauß, mit seinem Vergleich auf die Zerstörungen der
antiken Tempelanlagen in Syrien durch die Terrororganisation
Islamischer Staat im Jahr 2015 hinweisend. In islamisch theokra-
tischen Ländern seien es wenige, die den meisten, den Massen,
Weisung geben, „bei uns bestimmen Massen und Medien das Ni-
veau der politischen Repräsentanten, die allesamt Ungelehrte in
jeder Richtung sind", stellt Strauß fest. Seine Kritik an den Medi-
en gipfelt in der Feststellung: „Was in der Zeitung steht, macht
den Anteilnehmenden immer konfuser."

*Nur alte Männer, von rechter Wut geprägt und mit
Ohrensesselmentalität, äußern Kritik an den Medien.*

Diese Kritiker der Medien und der Politik werden schnell von
stromlinienförmigen Medien, wie üblich, in die rechte Ecke gestellt und desavouiert.

Im „Tagesspiegel" heißt es, die „alten Männer" seien von „rechter Wut" geprägt, ihre Anmerkungen seien „alt und ranzig", im Dunstkreis der NPD zu finden.[187] Der Essay von Botho Strauß sei „wirr", triefe vor „Zynismus", seine Betrachtungen kämen „aus dem Abseits", der Schriftsteller sei „der allerletzte", der „eine randständige Existenz in der Utermark" friste. Rüdiger Safranski kommt noch vergleichsweise gut weg, denn sein Gespräch mit Matthias Matussek in der „Welt" wird lediglich als „Altmännergespräch" abgetan. Botho Strauß dagegen ist ein „Menetekler". In diffamierenden Artikeln im „Tagesspiegel" (28. Januar 2016, 1. Februar 2016)) werden die Kritiker als „militant" mit „aufgesetztem Stahlhelm" oder als „ideologische Renegaten" bezeichnet.

Die „Zeit" attestiert den Kritikern, dass sie analytisch nicht durchdacht hätten, worüber sie reden.[188] „Wie ahnungslos kluge Leute doch sein können", überschreibt Herfried Münkler seinen Beitrag in der Wochenzeitung und erkennt einen „gravierenden Mangel an strategischer Reflexivität" und „unterkomplexe Antworten" der Philosophen und Schriftsteller. Die Probleme und ihre richtige Lösung durch die Bundeskanzlerin hätten die Intellektuellen nicht erkannt und zeige daher „die strategische Unbedarftheit ihres Dahergeredes."

Im Feuilleton der „Frankfurter Allgemeinen Zeitung" erhält der Autor Rafik Schamani das Wort, und er kann dort den Kritikern Sloterdijk, Safranski und Strauß „Hass auf den Islam" vorwerfen, sie seien zu feige, sich mit der arabischen Kultur auseinanderzusetzen.[189] Über Jahrzehnte sei dem syrischen Autor von den genannten Intellektuellen Feindseligkeit entgegengetreten, und jetzt „müssen wir (die Diskussionen) wieder an uns reißen und nicht den Populisten und Menschenhassern überlassen."

Der „Deutschlandfunk Kultur" kündigt eine Sendung über die drei Kritiker mit dem Titel „Intellektuelle im rechten politischen Spektrum" unter dem Hinweis an, es gehe um die „Rückwärtsgewandtheit deutscher Rechtsintellektueller" und Ihre „Ohrensesselmentalität".[190] Die Rechtsintellektuellen hätten „einen viel zu simplen Blick auf die Verhältnisse, der nur schwarz oder weiß oder Gut und Böse" unterscheide. „Um unsere komplexe Welt zu erklären, reicht das nicht", weiß der Deutschlandfunk Kultur. Ein Kommentar in diesem Radiosender bescheinigt den drei Intellektuellen „einen Hang zur apokalyptischen Endzeitrhetorik" mit einem „eisigen Wind von rechts."[191]

Diesen Stimmen ist gemeinsam, dass sie jede Kritik an den Herrschenden und ihren Taten verdammen, den Kritikern ist gemeinsam, dass sie von den Besserwissenden mit Schmähworten in die „rechte Ecke" gestellt werden und sich damit eine inhaltliche Auseinandersetzung mit ihnen erübrigt. Es ist jedoch ermutigend, dass manche Intellektuelle sich davon nicht beeindrucken lassen, sich ihres eigenen Verstandes bedienen und, wie ein früherer intellektueller Vordenker, „Die Verteidigung des Vaterlandes" im Blick behalten.

Der Vordenker ist Kurt Tucholsky, der unter dem Pseudonym Ignaz Wrobel in der „Weltbühne" am 6. Oktober 1921 unter dem Titel „Die Verteidigung des Vaterlandes" schreibt: „Denn nichts ist schwerer und nichts erfordert mehr Charakter, als sich in offenem Gegensatz zu seiner Zeit zu befinden und laut zu sagen: Nein."[192] Tucholsky weiß um die Annehmlichkeiten, sich der Macht anzudienen, denn „es ist ja so schön, im großen Strom der Masse mitzuschwimmen (…), es ist auch bekömmlicher, sich der Macht zu unterwerfen - wer sich vor ihr verbeugt hat, auf den geht ein Quentchen der großen Macht über…" Wenn dann ein politisches Desaster eintritt, will es keiner gewesen sein, und es war auch keiner, denn „einzeln sind sie ganz vernünftig", ergänzt Tucholsky und hofft, im Jahr 1921, auf ein deutliches „Wir wollen nicht mehr."

Heute ist es, wie der Blick in die Medien zeigt, noch ein weiter Weg, bis die bedingungslose Zustimmung vieler führender Medien zur Immigrationspolitik der Bundesregierung einer differenzierteren Betrachtung weichen könnte.

Diejenigen, die sich ihres eigenen Verstandes bedienen, wie die Kritiker Sloterdijk, Safranski oder Strauß, hätten wissen können, auf welchem glatten Parkett sie sich bewegen. Hans Magnus Enzensberger beschreibt in seinem Buch „Versuche über den Unfrieden": „Wer sich in die politischen Diskurse der deutschen Öffentlichkeit einmischt, der tut es auf eigene Gefahr. Abschreckend wirken weniger die moralischen Verdächtigungen, die auf diesem

Felde gang und gäbe sind. Sie können sich auf eine lange Tradition berufen und gehören zur publizistischen Normalität. Gravierender sind die intellektuellen Risiken, die jeder eingeht, der sich an einer Mediendebatte beteiligt. Fast immer wird er, kaum daß er seinen Beitrag abgeliefert hat, dümmer aussehen als zuvor."[193]

Die Kritiker sehen dümmer aus als zuvor. Dafür sorgen die Medien im Dienst der Volksaufklärung.

4. Was wird?

Es muss nicht so kommen, aber es könnte so kommen.

Nach der Neuordnung des Römischen Reiches durch Kaiser Diocletian etwa um das Jahr 300 erlebt das Reich eine wirtschaftliche und kulturelle Blüte, die unter anderem aus Verwaltungsreformen und der Einführung einer reformierten Rechtsgestaltung (Codex Gregorianus und Codex Hermogenianus) resultiert. Die römischen Provinzen werden neu geordnet, so auch die Provinz Thrakien mit der Hauptstadt Philippolis (lat. Trimontium). Philippolis liegt an der strategisch bedeutsamen Via Militaris, die die Straßenverbindung zwischen Europa und Kleinasien herstellt.

Im Sommer des Jahres 376 hält sich der römische Kaiser Valens in Antiochia auf, einer Stadt im europäischen Teil der heutigen Türkei. Von hier aus erteilt er den Befehl, den Goten, genauer dem Teilstamm der Terwingen, die von den Hunnen verfolgt werden, es zu erlauben, die Donau zu überschreiten, ja, mehr noch, die römische Küstenwache, die auch die Donau bewacht, hilft den Goten mit eigenen Booten, den Fluss zu überwinden. Zehntausende geflüchtete Goten werden in Thrakien unter Bewältigung großer organisatorischer Schwierigkeiten angesiedelt, unter Schwierigkeiten, die auch dadurch entstehen, dass die Goten einen ungehemmten Familiennachzug beginnen.

Die römische Regionalverwaltung verliert bald den Überblick über die Situation, so dass auch andere gotische Gruppen die Donau überschreiten und ins Römische Reich eindringen, ohne dass ihnen Einhalt geboten werden kann. „Die Römer (verloren) zunächst den Überblick, dann entglitt ihnen das Gesetz des Handelns und schließlich herrschten Mord und Totschlag, Krieg und Verwüstung", schreibt Herwig Wolfram in seinem Buch „Die Goten und ihre Geschichte".[194] Römische und barbarische Sklaven und Goten in römischen Diensten laufen bald zu den eingedrungenen Goten über.

Die Römer haben sich von der Aufnahme der Goten und ihrer Ansiedlung in Thrakien versprochen, dass ihr militärisches und wirtschaftliches Potential vergrößert würde, denn die Goten hatten zugesagt, auf die Seite der Römer zu treten. Davon ist aber keine Rede mehr, seitdem die Goten im Land sind. Stattdessen haben die Goten, die die römische Ordnung und Lebensart verachten, das Land unterwandert. Es bleibt Kaiser Valens nichts anderes übrig, als die Zuwanderer zu bekämpfen. Allerdings fällt der Entschluss zu spät.

Am 9. August 378, wird das kaiserliche Heer zusammen mit seinem Kaiser in der Schlacht von Adrianopel vernichtend geschlagen. Valens stirbt und mit ihm rund 30.000 Krieger. Danach dauert es nicht mehr lange, bis zum August 410, dass die Hauptstadt Rom von den Nachfahren der 376 ins Land geholten Migranten erobert und geplündert wird. Und weitere zwei Generationen später, 476, ist es vorbei mit dem Römischen Reich im Westen, das Römische Reich im Osten hält sich noch ein wenig länger, bis auch dieses Reich von islamischen Arabern erobert wird.

Ein blühendes Reich, das Imperium Romanum, mit hoher Kunst und Kultur, mit intakter Wirtschaft, Verwaltung und verlässlichem Rechtssystem, mit fortschrittlichem Militärsystem und herausragenden Ingenieurleistungen, dieses Reich wird von Vandalen, Franken, Goten und Arabern, also Migranten, überlaufen und findet sein Ende. Tausend Jahre Mittelalter folgen.

Aber Geschichte wiederholt sich nicht.

Oder?

Literaturverzeichnis

[1] Barbara Tuchman: „Die Torheit der Regierenden", Frankfurt am Main 1984, S. 11

[2] Margaret MacMillan: „Die Friedensmacher - Wie der Versailler Vertrag die Welt veränderte", Berlin 2015

[3] Zitate nach Margaret MacMillan: „Die Friedensmacher", a.a.O.

[4] Barbara Tuchman: a.a.O., S. 358

[5] Barbara Tuchman: a.a.O., S. 365

[6] Joachim Fest: „Hitler - Eine Biographie" , Berlin 1973, S. 508 ff.

[7] Bericht des Vorsitzenden zur Sitzung der CDU/CSU-Fraktion im Deutschen Bundestag am 22. September 2015, 18. WP/40

[8] Victor Klemperer: „LTI", Reclam-Bibliothek Band 278, 1996, S. 21

[9] Otto Depenheuer, Christoph Grabenwarter (Hg.): „Der Staat in der Flüchtlingskrise - Zwischen gutem Willen und geltendem Recht", Paderborn 2016, S. 7

[10] Die Welt: „Asylrecht ist Türöffner für illegale Einwanderung", Online 3.September 2017

[11] Youtube: „Angela Merkel über die Angst vor einer Islamisierung - in Bern vom 3.9.2015"

[12] Stern: „Wir haben „bitte schön doch die Tradition, ein bisschen bibelfest zu sein"", Online 8. September 2015

[13] Focus: „Das ist Merkels großartige Antwort auf die Angst vor einer Islamisierung in Europa, Online 9. September 2015

[14] Die Welt: Merkels deutliche Botschaft an alle besorgten Bürger", Online 9. September 2015.

[15] Westdeutsche Zeitung: „Keine Angst vor Islamisierung - viel Lob für Merkels klare Worte", Online 10. September 2015

[16] Tagesanzeiger: „Ein harmloser Plausch unter Freunden", Online 3. September 2015

[17] Neue Zürcher Zeitung: „Die grosse deutsche Schwester muntert die Schweiz auf", Online 3. September 2015

[18] Tagblatt: „Deutschland hilft Schweiz nicht", Online 3. September 2015

[19] Frankfurter Allgemeine Zeitung: „Das Problem ist ein deutsches Problem", 3. September 2015

[20] Abendzeitung: „Hier besucht Kanzlerin Merkel eine Schule in Niederbayern", 4. September 2015

[21] Welt am Sonntag: „Frau Merkel, haben Sie in der Flüchtlingsfrage Fehler gemacht?", Online 27. August 2017

[22] Institut für Demoskopie Allensbach: „Kontrollverlust - die Besorgnis der Bürger wächst", Dokumentation des Beitrags von Prof. Dr. Renate Köcher in der Frankfurter Allgemeinen Zeitung Nr. 244 vom 21. Oktober 2015

[23] Deutsches Institut für Wirtschaftsforschung e.V.: Philipp Eisnecker, Jürgen Schupp: „Stimmungsbarometer zu Geflüchteten in Deutschland", Berlin 8. März 2016

[24] Infratest dimap: „Erfolgreiche Integration von Flüchtlingen in Deutschland", Umfrage im Auftrag des Hessischen Rundfunks, 30. November bis 1. Dezember 2015

[25] Gemeinsames Wahlprogramm der Christlich Demokratischen Union Deutschlands (CDU) und der Christlich Sozialen Union (CSU) für die Bundestagswahl 2002, S. 60

[26] Sommerpressekonferenz von Bundeskanzlerin Merkel am 31. August 2015, Mitschrift Bundespressekonferenz, veröffentlicht von der Bundesregierung

[27] Interview mit der Tageszeitung General-Anzeiger Bonn, 25. August 2015

[28] Bild-Zeitung: „Joachim Gauck: Christen machen Deutschland stark!", 20. Mai 2012

[29] Pressekonferenz von Bundeskanzlerin Merkel und dem österreichischen Bundeskanzler Faymann im Bundeskanzleramt, 15. September 2015, Mitschrift Pressekonferenz, veröffentlicht von der Bundesregierung

[30] Welt am Sonntag: „Frau Merkel, haben Sie in der Flüchtlingsfrage Fehler gemacht?", Online 27. August 2017

[31] Regierungs-Programm von CDU und CSU für die Jahre 2017 bis 2021 - In Leichter Sprache, CDU-Bundesgeschäftsstelle Berlin 2017

[32] Heidelberger Hochschulreden: „Vortrag des Präsidenten des Europäischen Parlaments, Herrn Martin Schulz, am 9. Juni 2016 - Heimat, Flucht und Identität in Zeiten der Globalisierung", Hochschule für Jüdische Studien Heidelberg, Online, Veranstaltungen im Jahr 2016

[33] Radio Vatikan: „Videobotschaft: Papst bittet Flüchtlinge um Entschuldigung", Online 19. April 2016

[34] Frankfurter Allgemeine Zeitung: „Was machen die Flüchtlinge im Vatikan?", Video Online 16. April 2017

[35] Der Standard: „Papst ist gegen die Abschiebung von Flüchtlingen", Online 21. August 2017

[36] Münchner Merkur: „Flüchtlingsdebatte: Kardinal Marx kontert Minister Söder", Online 12. September 2015

37 Die Welt: „Zahl der illegalen Einreisen schnellt nach oben". Online 13. Juli 2014

38 RP Online: „Grundrecht auf Asyl kennt keine Obergrenze", 11. September 2015

39 Passauer Neue Presse: „Ex-Innenminister. „Wir haben die Kontrolle verloren"", Online 11. September 2015

40 Der Spiegel: „Seehofer wettert gegen Merkel - und lädt Orbán ein", Online 11. September 2015

41 Bild Online: „Der Notfall-Plan der Regierung!", 9. September 2015

42 Deutscher Bundestag, Drucksache 18/7143 vom 18. Dezember 2015, Kleine Anfrage von Abgeordneten der Fraktion Die Linke: „Berichte über geplante Maßnahmen zur Grenzschließung uns Zurückweisung von Schutzsuchenden

43 Deutscher Bundestag, Drucksache 18/7311 vom 20 Januar 2016, Antwort der Bundesregierung: „Berichte über geplante Maßnahmen zur Grenzschließung und Zurückweisung von Schutzsuchenden

44 Gutachten im Auftrag des Freistaates Bayern von Professor Dr. Dr. Udo Di Fabio: „Migrationskrise als föderales Verfassungsproblem", Bonn, 8. Januar 2016

45 a.a.O., S. 24

46 Der Tagesspiegel: „Da liegt die Bundeskanzlerin falsch", Online 15. Oktober 2015

47 Wissenschaftliche Dienst Deutscher Bundestag: „ Einreiseverweigerung und Einreisegestattung nach § 18 Asylgesetz", WD 3 - 3000-109/17 vom 24 Mai 2017

48 OLG Koblenz 1. Senat für Familiensachen, Az. 13 UF 32/17 vom 14. Februar 2017, Randnummer 58

[49] Die Welt: „Merkel ist auf der Flucht vor der Verantwortung", Online 11. Oktober 2015

[50] CSU-Meldung: „Grenzen schützen - Zuwanderung begrenzen", Online 12. Januar 2016

[51] Der Spiegel: „Lammert fordert von Flüchtlingen Anpassung an „Leitkultur"", Online 15. Oktober 2015

[52] Die Welt: „Nicht Merkel, sondern das Parlament entscheidet!", Offener Brief von Peter Gauweiler, Online 16. November 2015

[53] BVerfG, Urteil des Zweiten Senats vom 10. Juni 2014, 2 BvE 2/09 - Rn. 94

[54] Der Bundespräsident: „Auftakt der 40. Interkulturellen Woche" Mainz, 27. September 2015, Webseite „Der Bundespräsident"

[55] Bundeszentrale für politische Bildung: „Zahlen zu Asyl in Deutschland", Online 13. Juli 2017

[56] Statistisches Bundesamt, Fachserie 1 Reihe 2 2016

[57] Bundesamt für Migration und Flüchtlinge: Das Bundesamt in Zahlen 2016, Asyl, Migration und Integration

[58] Die Welt: „Dublin-Verordnung wird kaum angewendet", Online 13. August 2017

[59] Bundesamt für Migration und Flüchtlinge: Tabelle „Entscheidungen und Entscheidungsquoten seit 2008 in Jahreszeiträumen", Ausgabe Juni 2017

[60] Bundesamt für Migration und Flüchtlinge: „Prozessführung des BAMF vor den Verwaltungsgerichten", Ausgabe 027/2017 vom 2. August 2017

[61] Die Welt: „Sie wurden abgelehnt und dürfen trotzdem bleiben", Online 30. Juni 2017

[62] Neue Zürcher Zeitung: „Die Flüchtlingskosten sind ein deutsches Tabuthema", Online 15. September 2017

[63] Die Bundesregierung: „Arbeitslosigkeit sinkt unter 2,5 Millionen", Online 31. Mai 2017

[64] Rhein-Zeitung: „Syrischer Geschäftsmann reist mit vier Ehefrauen und 23 Kindern ein", Online 1. August 2016

[65] Deutscher Arbeitgeber Verband: „4 Frauen, 23 Kinder", Online 3. Oktober 2016

[66] Landtag Rheinland-Pfalz: Antwort des Ministerium des Inneren und für Sport auf die Kleine Anfrage des abgeordneten Matthias Lammert, Drucksache 17/1219 vom 4. Oktober 2016

[67] Landtag Rheinland-Pfalz: Antwort des Ministeriums für Bildung auf die Kleine Anfrage des Abgeordneten Matthias Lammert, Drucksache 17/1201 vom 4. Oktober 2016

[68] Berliner Zeitung: „4285 Euro? Hartz-IV-Bescheid einer Flüchtlingsfamilie landet im Internet", Online 18. November 2016

[69] Frankfurter Allgemeine Zeitung: „Pflegevater über Hussein K.: „Distanziert war er immer", Online 17. Oktober 2017

[70] Frankfurter Allgemeine Zeitung: „Fatale Asylpolitik bringt Altersarmut", 5. Oktober 2015

[71] Frankfurter allgemeine Zeitung: „Flüchtlinge könnten Wirtschaftswunder bringen", 15. September 2015

[72] Die Zeit: „Flüchtlinge - Wo sind sie denn?", Online 18. August 2016

[73] Rolf Peter Sieferle: „Das Migrationsproblem", Berlin 2017, S. 47

[74] Youtube: „Milton Friedman speaks, What is America?", Lecture given at the University of Chicago 1980

[75] Bundeskriminalamt: „Kriminalität im Kontext von Zuwanderung - Bundeslagebild 2016", S. 3

[76] Bundeskriminalamt: „Kriminalität im Kontext von Zuwanderung - Bundeslagebild 2015", S. 3

[77] Leitlinien für die Polizei des Landes Nordrhein-Westfalen zum Schutz nationaler Minderheiten vor Diskriminierungen, Rd Erl. d. Innenministeriums v. 15. Dezember 2008

[78] Bild-Online: „Flüchtlingskriminalität - Neuer Polizeiskandal", 27. Januar 2016

[79] Bürgerschaft der Freien und Hansestadt Hamburg, Drucksache 21/3880, Schriftliche Kleine Anfrage des Abgeordneten Dennis Gladiator (CDU) vom 1.4.16 und Antwort des Senats: „Betr.: Kriminelle Flüchtlinge"

[80] Zürcher Hochschule für angewandte Wissenschaften: „Zur Entwicklung der Gewalt in Deutschland - Schwerpunkte: Jugendliche und Flüchtlinge als Täter und Opfer", Januar 2018

[81] Deutschlandfunk Kultur: „Im Ausnahmezustand", Online 27. April 2016

[82] Wirtschaftswoche: „Ernsthafte Strafverfolgung findet in Deutschland meist gar nicht statt", Online 1. September 2016

[83] Aachener Nachrichten: „Flüchtlinge brutal attackiert: Haftstrafen für Rechtsradikale", Online 10. Juni 2016

[84] c't: „Hetze auf Facebook", Online 11. Dezember 2015

[85] Die Welt: „Asylrecht ist Türöffner für illegale Einwanderung", Online 3. September 2017

[86] Udo di Fabio: „Europa für alle? Aspekte der neuen Völkerwanderung", Bonn 22. November 2017, Youtube 11. Januar 2018

[87] Focus: „Fallzahlen verdoppelt: Richter schildert Überlastung durch Flüchtlingsklagen", Online 15. August 2017

[88] Bundesamt für Migration und Flüchtlinge, Das Bundesamt in Zahlen 2016, Asyl, Tz. 7 Gerichtsverfahren

[89] Bundesamt für Migration und Flüchtlinge, Geschäftsbericht für den Monat September 2017, Tabelle über Entscheidungen über Erst und Folgeanträge

[90] Universität Bremen, Fachreich 12, Dito Vogel: Kurzdossier: „Umfang und Entwicklung der Zahl der Papierlosen in Deutschland", Oktober 2016

[91] Rheinische Post: „Grundrecht auf Asyl kennt keine Obergrenze", Online 11. September 2015

[92] Die Welt: „Die Zahl der Abschiebungen geht zurück", Online 20. Juli 2017

[93] Bundesagentur für Arbeit: „Auswirkungen der Migration auf den deutschen Arbeitsmarkt", August 2017, Anhangtabelle 2

[94] Michael Klonovsky: Blog „Acta diurna", Online Eintrag vom 7. September 2017

[95] Bundesamt für Migration und Flüchtlinge: „Studie: Wie viele Muslime leben in Deutschland", Interview mit Dr. Anja Stichs, Online 14. Dezember 2016

[96] Bundesamt für Migration und Flüchtlinge: „Muslimisches Leben in Deutschland", Nürnberg Juni 2009

[97] fowid Forschungsgruppe Weltanschauungen in Deutschland: „Muslime in Deutschland, 2005", Online 12. Dezember 2005

[98] Statista: „Entwicklung der Anzahl der Muslime in Deutschland von 1945 bis 2009"

[99] Pew Research Center: „ Europe´s Growing Muslim Population", Washington, D.C., 29. November 2017

[100] Pew Research Center: „The Future of World Religions: Population Growth Projections, 2010-2050, Washington, D.C., 2. April 2015, S. 78

[101] Mediendienst Integration: „Beim Wort „Muslime" geht das Kopfkino an", Interview mit Riem Spielhaus am 4. Dezember 2017

[102] Pew Research Center: „The World´s Muslims: Religion, Politics ans Society", Washington, D.C., 30. April 2013

[103] Bertelsmann-Stiftung: „Muslime in Europa - Integriert, aber nicht akzeptiert? ", Online August 2017

[104] Neue Zürcher Zeitung: „Bertelsmann redet die Integration von Muslimen in Deutschland schön", Online 3. September 2017

[105] Transparenz-Register der Europäischen Union, Aktualisierungsdatum 23. Februar 2017

[106] Cicero: „Bertelsmann Studien - Opium für die Mächtigen", Online 29. Juli 2017

[107] Tagesspiegel: Aydan Özoguz, „Leitkultur verkommt zum Klischee des Deutschseins", Online 14. Mai 2017

[108] Die Bundesregierung: Strategiepapier Aydan Özoguz „Menschlich, ehrlich gerecht - Eckpunkte für eine integrative Flüchtlingspolitik in Deutschland", Online 21. September 2015

[109] Westfälische Wilhelms-Universität Münster: „Integration und Religion aus der Sicht von Türkischstämmigen in Deutschland", Interviews von TNS Emnid zwischen November 2015 und Februar 2016

[110] Bundesministerium des Inneren: „Muslime in Deutschland", Hamburg 2007

[111] Die Zeit: „Man muss sich schämen", Online 11. Dezember 2017

[112] Süddeutsche Zeitung: „Bundesregierung zu Flaggenverbrennungen: „Man muss sich schämen"", Online 11. Dezember 2017

[113] Bild: „So groß ist der Hass auf Israel in Berlin", Online 11. Dezember 2017

[114] Der Tagesspiegel: „"Jude, Jude, feiges Schwein", soll auf Demonstrationen verboten werden", Online 21. Juli 2014

[115] Frankfurter Allgemeine - Rhein Main: „Ausschreitungen bei Anti-Israel-Demonstration", Online 12. Juli 2014

[116] Das Video auf YouTube ist inzwischen nicht mehr verfügbar

[117] Le Figaro: „Salut les Terriens!: Karl Lagerfeld dérape sur les migrants", Online 13. November 2017

[118] Günther Jikeli: „Forschungsbericht Dezember 2017: Einstellungen von Geflüchteten aus Syrien und dem Irak zu Integration, Identität, Juden und Shoah", American Jewish Committee Berlin, Lawrence & Lee Ramer Institute for German-Jewish Relations

[119] American Jewish Committee Berlin: „Salafismus und Antisemitismus an Berliner Schulen: Erfahrungsberichte aus dem Schulalltag", Berlin Juli 2017

[120] Deutscher Bundestag: „Unterrichtung durch die Bundesregierung - Bericht des Unabhängigen Expertenkreises Antisemitismus", Drucksache 18/11970 vom 7. April 2017

[121] tagesschau.de: „"Es gibt No-Go-Areas für Juden", Online 9. November 2013

[122] tagesschau.de: „Die Vermessung des Hasses", Online 21. Dezember 2017

[123] Erika Steinbach auf Twitter, 21. Dezember 2017

[124] Jüdische Rundschau: „Kolumne des Herausgebers Dr. R. Korenzecher", Online 3. November 2016

[125] United Nations Development Programme: „Arab Human Development Report 2003", S. 3 f.

[126] United Nations Development Programme: Arab Human Development Report 2002", S. 51

[127] Koordinationsrat der Muslime in Deutschland KRM, Geschäftsordnung in der Fassung vom 28. März 2007

[128] Bundesamt für Verfassungsschutz, BfV-Newsletter Nr. 1/2017 - Thema 5: „Exekutivmaßnahmen gegen Imame der DITIB in Deutschland"

[129] Die Welt: „Ditib-Moschee im Fokus des Verfassungsschutzes", Online 1. März 2017

[130] Die Welt: „Das sagte Ministerpräsident Erdogan in Köln", Online 11. Februar 2008

[131] Der Bundespräsident: „Zusammenleben von Einheimischen und Zugewanderten", Online 29. November 2016

[132] Die folgenden Beispiele sind der Webseite „Islam Fatwa- Fragen und Antworten zum Islam" entnommen.

[133] Ibrahim Lethome Asmani, Maryam Sheik Abdi: „De-linking Female Genital Mutilation/Cutting from Islam", Washington DC, USAID and Population Council, 2008, S. 13

[134] Die Welt: „Flüchtling zu Bewährungsstrafe verurteilt", Online 14. Februar 2017

[135] ntv: „Flüchtling erschlich fast 22.000 Euro", Online 6. Februar 2017

[136] HNA: „Flüchtling dankte für Urteil: Neun Monate Haft wegen sexuellen Missbrauchs eines Kindes", Online 31. Mai 2016

[137] Die Welt: „Nicht Öl in seine irre Vorstellungswelt gießen", Online 21. Januar 2018

[138] Wirtschaftswoche: „"Ernsthafte Strafverfolgung findet in Deutschland meist gar nicht statt", Online 1. September 2016

[139] Zeit Online: „Polizist am Abgrund", Online 12. Januar 2017

[140] Verwaltungsgerichtshof Baden-Württemberg 12. Senat, Aktenzeichen 12 S 2216/14 vom 25. April 2017

[141] Der Tagesspiegel: „Scharia in Deutschland?", Online 21. März 2007

[142] OLG Bamberg, Beschluss v. 12. Mai 2016 - 2 UF 58/16

[143] Die Welt: „Scharia hält Einzug in deutsche Gerichtssäle", Online 1. Februar 2012

[144] The New York Times: „An Interview with Khomeini", 7. Oktober 1979, S. 8

[145] Frankfurter Allgemeine Zeitung: „Die Rebellin: Zum Tod von Oriana Fallaci", Online 15. September 2006

[146] TAZ: „Die Kompromisslose", Online 16. September 2006

[147] Bild: „Kardinal und Bischof verzichten aufs Kreuz", Online 3. November 2016

[148] evangelisch.de: „Warum hat Bedford-Strohm sein Kreuz in Jerusalem abgelegt?", Online 6. November 2016

[149] Bürgerschaft der Freien und Hansestadt Hamburg, Drucksache 21/3606 vom 15. März 2016, Betr.: Speiseplan in Hamburger Kitas, Schulen, Hochschulen und öffentlichen Kantinen

[150] Hamburger Abendblatt: „Religiöser Extremismus - Islamisten in Hamburg: Behörde nennt konkrete Schulen", Online 6. Mai 2016

151 Norddeutscher Rundfunk: Elmshorner von Steinbachs Hetze genervt", Online 27. November 2017

152 Gymnasium Johanneum Lüneburg: Pressemitteilung vom 20. Dezember 2017

153 Frankfurter Rundschau: „Hessen kooperiert weiter mit Ditib", Online 11. August 2017

154 Die Welt: „Niemand weiß, was im Islamunterricht passiert", Online 9. August 2015

155 Die Welt: „Und in Neukölln entstehen Banlieues wie in Paris", Online 13. September 2017

156 Michael Haller: „Die „Flüchtlingskrise" in den Medien - Tagesaktueller Journalismus zwischen Meinung und Information", Eine Studie der Otto Brenner Stiftung, Frankfurt am Main 2017

157 Frankfurter Allgemeine Zeitung: „Apropos Willkommenskultur", Online 10. August 2016

158 Neue Zürcher Zeitung: „Berichterstatter als Stimmungsmacher", Online 19. September 2015

159 Frankfurter Allgemeine Zeitung: „Ungesteuerte Einwanderung - Europa ist gar keine Werkgemeinschaft", Online 14. September 2015

160 Frankfurter Rundschau: „Die Selbstinszenierung eines Rechten", Online, 11. Juni 2017

161 Der Tagesspiegel: „Der Professor als wütender Bürger", Online 28. April 2017

162 Institut für Demoskopie Allensbach: „Vertrauen und Skepsis - Bürger und Medien", Dokumentation des Beitrags von Prof. Dr. Renate Köcher in der Frankfurter Allgemeinen Zeitung Nr. 292 vom 16. Dezember 2015

163 In ihrer Dokumentation bezeichnet Renate Köcher den Vorwurf „Lügenpresse" als „polemisch", ohne allerdings eine Begründung für diese Wertung zu bringen.

164 Max Weber: „Gesammelte politische Schriften", „Politik als Beruf", Hg. Johannes Winckelmann, Tübingen 1958

165 Ulrich Clauß: „Die halbe Wahrheit zur Flüchtlingskrise ist zu wenig", Die Welt, 7. November 2015

166 Funke Mediengruppe: „Abendblatt startet Redaktionsprojekt mit Flüchtlingen als Reporter", 28. August 2015

167 Hamburger Abendblatt: „Wie viele Flüchtlinge sind in Hamburg kriminell?", Christoph Heinemann und André Zand-Vakili, 11. Januar 2017

168 Die Zeit: „Gauck fordert Deutsche auf, Flüchtlinge zu integrieren", Online 20. Juni 2015

169 Focus-Magazin: „Tagesschau" und „Tagesthemen": ARD räumt falsches Flüchtlingsbild ein, 19. Oktober 2015

170 Stefan Niggemeier: „Früher war auch mehr Lichterkette: Wie alte Aufnahmen in einen aktuellen „Tagesschau"-Film kamen", Niggemeier-Blog 21. Oktober 2015

171 Tagesschau bei Facebook: Kai Gniffke beantwortet Zuschauerfragen, 5. Dezember 2016

172 Facebook, WDRforyou, 26. Oktober 2017

173 Westdeutsche Allgemeine: „Kommunale Schulden: Hamm ist zweitbeste Stadt in NRW", Online 10.Juli 2016

174 Süddeutsche Zeitung: „Was Merkel statt streicheln tun sollte", Online 16. Juli 2015

175 Vorwärts: „Warum Flüchtlinge ein Gewinn für Deutschland sind", Online 23. Juli 2015

176 Zeit Online: „Aus Asylländern kommen zahlreiche Fachkräfte", Online 28. Dezember 2017

177 Der Tagesspiegel: „Volker Kauder. „ Niemandem wird etwas weggenommen"", Online 2. März 2016

178 turi2tv: „Giovanni di Lorenzo über die Flüchtlings-Fehltritte der Medien", YouTube 10. Juli 2016

179 Cicero: Alexander Marguier: „Die Sprücheklopferin", 16. September 2015

180 Victor Klemperer: „ LTI", Reclam- Bibliothek Band 278, 15. Auflage 1996

181 Mediendienst Integration: Flüchtlingsdebatte - die wichtigsten Begriffe für den Journalisten-Alltag", Vierte Fassung (Stand Mai 2017)

182 Die Welt: „Birthler-Behörde ließ Stasi-Spitzel einladen", Online 25. September 2007

183 Sprachreport, Konstantina Vassiliou-Enz, Alice Lanzke, Daniel Bax : „Im Anfang war das Wort", Heft 2/2017, S. 28 ff.

184 Cicero: „Es gibt keine moralische Pflicht zur Selbstzerstörung", Online 28. Januar 2016

185 Die Welt: „Deutschland fluten? Da möchte ich gefragt werden", Online 28. September 2015

186 Der Spiegel: Botho Strauß, „Der letzte Deutsche", 41/2015 S. 122 ff.

187 Der Tagesspiegel: Christian Schröder, „Die Angst der alten Männer vor den Flüchtlingen", Online 6. Oktober 2015

[188] Die Zeit: Herfried Münkler, „Wie ahnungslos kluge Leute doch sein können", Online 20. Februar 2016

[189] Frankfurter Allgemeine Zeitung: Rafik Schami, „Islamphobie ist der salonfähige Antisemitismus", Online 15. März 2016

[190] Deutschlandfunk Kultur: „Intellektuelle im rechten politischen Spektrum", Online 27. März 2016

[191] Deutschlandfunk Kultur: „Sehnsucht nach der Volksherrschaft unter Gleichen", Online 15. Februar 2016

[192] Die Weltbühne, Ignaz Wrobel: „Die Verteidigung des Vaterlandes", Nr. 40, 6. Oktober 1921, S. 338

[193] Hans Magnus Enzensberger: „Versuche über den Unfrieden", Kapitel „Über einige Besonderheiten bei der Menschenjagd", eBook 2015, mit Essays aus dem Jahr 1992

[194] Herwig Wolfram: „Die Goten und ihre Geschichte", München 2005, S. 49

Zeitfracht Medien GmbH
Ferdinand-Jühlke-Straße 7
99095 Erfurt, Deutschland
produktsicherheit@kolibri360.de